설마가 나에게 왔다

인도친구 지음

설마가 나에게 왔다

초판 1쇄 | 2021년 1월 20일

지은이 인도친구
펴낸이 조병호
펴낸곳 도서출판 통독원
등 록 제21-503호(1993.10. 28)
주 소 서울시 강남구 선릉로 806
전 화 02-525-7794
팩 스 02-587-7794
저자이메일 sb8081@hanmail.net
편집디자인 세방기획 02-2268-8081

값 15,000원
ISBN 979-11-90540-22-3 03230

설마가 나에게 왔다

인도친구 지음

통독원

시작하는 말

태풍은 이런저런 피해를 남기고 지나가지만 유익을 주기도 한다. 깊은 바닷속을 크게 흔들고 갈아엎어 청소를 해 주고 신선한 산소를 공급하여 생태계 순환을 도와줌으로 사람의 힘으로 할 수 없는 유익을 준다는 것이다.

2년 전 아내에게 불어닥친 암은 가정과 사역에 큰 태풍이 되었다. 그 태풍과 맞서면서 생애 어느 때보다 치열하고 혹독한 영적 싸움을 벌여야 했다. 아직 그 싸움이 완전히 끝나지 않았는데 코로나19라는 더 큰 태풍이 닥쳐왔다. 이 태풍은 대륙과 국경 그리고 민족과 인종을 넘어 온 인류와 생태계 환경에 엄청난 영향을 주고 있다.

끝이 보이지 않는 코로나19 태풍 속에서 그리고 이후에 무엇을 어디서 어떻게 다시 시작해야 할지 아직은 모르겠다. 그 이전에 어디서 무엇이 잘못되었는지 돌아보고 거기서 길을 찾아야 할 것이다. 그러기 위해 소명의 길에서 십자가를 붙잡고 홀로 울부짖으며 가슴에 새겨 놓은 것들과 인도친구의 첫 번째 책 〈나는 아무것도 아니다〉이후에 나누었던 소식과 기도들 그리고 코로나19 상황 속에서 걷고 또 걸으며 걸러낸 생각들을 되새김질 하여 본다.

이 길을 걷고 있는 동안 끊임없이 부딪쳐 오는 크고 작은 고난들과 씨름하면서 반복되는 질문이 있다.

"십자가를 진다는 것은 무엇일까?"

아직 속 시원한 답을 찾지 못하고 있다. 그 답을 함께 찾고 싶은 간절한 마음에 개인적 갈등과 속의 생각들을 부끄러움을 무릅쓰고 드러내어 놓는다. 여전히 끙끙대면서도 끝내 내려놓지 못하는 멍에가 있다.

"고난의 종"이다.

이 멍에를 메고 광야에서 태풍과 맞서 쟁기질을 하고 있는 한 사람을 찾아 손을 잡고 싶은 깊은 외로움이 보잘것없는 글 솜씨에도 불구하고 거친 글들을 쏟아내게 하였다.

함께 손잡고 태풍의 끝을 알리는 무지개를 보고 싶다. 무지개 너머에는 태풍이 준 피해를 넘어서게 하는 추수거리가 있음을 정녕 믿는다.

헌신된 소명의 사람

리찌(Rich, UP 지역)

주의 종이요, 나에게는 영적인 아버지인 하라 선생을 만나게 하신 예수 그리스도께 감사합니다. 그와 함께 동역하며 그 안에서 성장해 갈 수 있는 기회를 주심을 또한 감사합니다.

*하라, 당신에 대하여 잠시 생각을 해 봅니다. 당신은 헌신된 소명의 사람, 예수의 종입니다. 그러한 당신의 삶은 나에게 영향을 주었습니다. 당신을 통해 참된 종은 어떤 사람이어야 하는지, 예수 그리스도의 제자의 삶에 대하여 배웠습니다. 제자는 모든 면에서 철저하게 헌신된 삶을 살아야 하며 섬기는 삶을 살아야 함을 깨달았지요. 나아가 사역자의 삶은 성경에 합당한 삶이어야 한다는 것 말입니다. 당신을 통하여 교회는 건강하게 성장과 성숙을 이루어 냈고 교회의 본질과 사명에 필요한 것들을 갖추게 되었습니다. 성도들은 매우 귀중한 가르침을 받았습니다.

당신은 나에게 영적인 도움을 주었고 그것은 나의 사역에 유익이 되고 있지요. 그리고 나는 이제 깨닫게 되었어요. 진정한 목회가 무엇인지 그리고 어떻게 살아야 되는지.

하라 선생! 당신의 사랑을 인하여 주께 크게 감사합니다.

मैं "प्रभु यीशु मसीह" का धन्यवाद करता हूँ जिन जिसन सुने अपने
ग्रास और मेरे आत्मिक पिता पास्टर "हारा" जी से मिलने का
और उनकी साथ सेवा करने और उसमे बढ़ने का मौका मुझे दिया।
पास्टर "हारा" जी मैं आपके बारे में सोचता हूँ कि आप इन बहुत ही
समर्पित और आशीर्वित यीशु मसीह के दास हैं। आपका जीवन
मेरे लिए प्रेरणा है। एक अच्छे गुरु को कैसा होना चाहिए वह
आप हैं

मैंने आप से सिखा है कि हमें यीशु के प्रति हर इक्ता पारितस्थिति
में समर्पित रहना चाहिए और "यीशु" कि सेवा करते रहना चाहिए और
पास्टर का जीवन "बाइबल" आधारीत होना चाहिए और चेले बनाना
चाहिए

आपके द्वारा कलीसिया को बहुत उन्नति मिला। और बहुत ही
अच्छी शिक्षा प्राप्त हुआ और कलीसिया कि जरूरतों को भी आप के
द्वारा पूरा किया गया और आपने मेरे लिए भी बहुत सी आर्थिक
सहायता को मोलाजिमे मुझे देना करने में सहायता किया।
आपसे मिलने के द्वारा मुझे मालूम हुआ कि सही सेवा क्या होता है
और जीवन कैसे जिना चाहिए आपका प्रेम के लिए बहुत
                                    धन्यवाद - रिची डेविड

+ 인도 선교지의 제자들이 보내 온 글
코로나19로 만나지 못하는 상황에서 제자들이 글을 보내왔다.
*하라(Hara)는 저자의 인도 이름이고 힌디어로 푸르름이라는 뜻이다

어떻게 사랑해야 하는지 아는 사람

짠드(Chand, New Delhi 지역)

하라 선생을 처음 만난 그날부터 오늘까지 그는 진정 하나님의 영적인 사람임을 나는 알고 있다. 그는 하나님의 영으로 충만하여 하나님의 뜻대로 행하는 사람이다. 그는 하나님께 선택되어 그리스도의 뜻을 따르기 위해 필요한 고난을 기꺼이 감당하고 있으며 새로운 하나님의 일을 위해 항상 준비한다. 내가 아는 그의 가장 특별한 점은 이것이다. 인도(INDIA)가 그에게는 타국이고 생소한 나라임에도 불구하고 여러 지역을 다니며 많은 사람들을 직접 만나서 복음사역을 실행하고 있다는 사실이다.

낯선 나라에 와서 그들의 언어를 배워 그들 속으로 들어가서 섬긴다는 것은 나의 눈으로 볼 때 결코 평범한 일이 아니다. 내가 이해하기로 하라 선생은 매일 기도하고 말씀을 읽고 묵상하고 그리고 매일의 삶을 주의 손에 맡기며 살아가고 있다. 그리고 맑은 내면의 눈에 비치는 그는 사랑의 사람이다. 예수그리스도와 사람 둘을 어떻게 사랑해야 하는지 아는 사람 같다. 섬김이 그의 삶이다. 주의 뜻을 온전히 이루는 것이 그의 삶의 목적이다.

나는 하라 선생의 삶에서 많은 영향을 받고 있다. 아픈 그의 아내를 홀로 두고 인도에 와서 사역을 계속하는 것을 보고 나는 배운 것이 있다. 항상 평범한 옷을 입고 사는 하라 선생의 생활을 보고 가능하면 좋은 옷을 입으려고 했던 나의 생각이 바뀌었다. 하라 선생은 돈을 쓸 때 미리 세운 예산을 따라 생각하며 지출하기에 절약하는 것을 보았다. 이것을 보고 나는 꼭 필요한 경우에만 필수적인 지출을 해야 한다는 것을 배우게 되었다. 전에 나는 외식을 위해 적지 않은 지출을 했었다. 그런데 하라 선생은 나보다 더 좋은 음식을 먹을 수 있고 더 다양한 음식을 먹을 기회가 많을 것 같은데 먹는 일에 낭비하는 것을 보지 못했다. 그 후로 나도 외식을 거의 하지 않고 있다.

정말 나는 하라 선생을 통해 여러 가지 많은 것을 배웠다. 그 모든 것을 여기에 적는 것은 어려운 일이다. 나는 희망한다. 그가 계속 나의 멘토가 되어 길을 비추어 주기를!

하라 선생과 가족 그리고 그의 사역에 주님의 축복이 있기를 기도한다.

परन्तु जब मेरी मुलाकात पहली बार हारा सर से हुई तब से लेकर
अब तक मैंने महसूस किया कि हारा जी एक सच्चे आत्मिक जन हैं।
ये सचमुच्च परमेश्वर के आत्मा से भरे हुए जन हैं और परमेश्वर की
इच्छा पर चलते हैं। ये परमेश्वर के द्वारा ठहराए हुए एक ऐसे व्यक्ति
हैं जो प्रभु की इच्छा का ही पालन करते हैं चाहे दुःख उठाना पड़े।
ये परमेश्वर की सेवा के लिए हमेशा तैयार रहते हैं और कहीं भी कभी
भी सेवा के लिए जाने के लिए तैयार रहते हैं। इनकी सबसे बड़ी खूबी
(खासियत SPECIALITY) यह है कि भारत इनके लिए विदेश और अंजान
देश था फिर भी इन्होंने यहां पर कई जगहों पर बहुत लोगों से मुलाकात
की और कई जगह सेवा भी कर रहे हैं। अन्जाने देश में आकर उनकी
भाषा सीखकर उनकी सेवा करना मेरी दृष्टि में बहुत बड़ी बात है।
मेरी समझ के अनुसार हारा जी रोज़ प्रार्थना करना, वचन पढ़ना
वचन मनन करना, और स्वंय की रोज प्रभु के हाथों में सौंपना ये
सब रोज का कार्य है।

सही मायने में देखा जाए तो हारा जी एक प्रेमी व्यक्ति हैं जो
मसीह और मनुष्यों दोनों से किस प्रकार प्रेम रखना है वो जानते हैं।
सेवा उनका जीवन है और प्रभु की इच्छा को पूरा करना ही उनके
जीवन का लक्ष्य है।

मैं हारा सर के जीवन से बहुत प्रभावित हुआ क्योंकि अपनी बीमार पत्नि (WIFE) को छोड़कर तो वापस भारत में सेवा कर रहे थे ये मेरे लिए सीखने की बात थी।

मैंने हारा सर को देखा कि वो साधारण कपड़ों में ही जीवन जिता रहे हैं इससे मेरा ध्यान भी बहुत ज्यादा अच्छे-अच्छे कपड़े पहनूंगा ये सोच बदल गई।

मैंने देखा हारा सर पैसा सोचसमझकर खर्च करते हैं और थोड़ा ही खर्च करते हैं इससे मैंने सीखा कि जहाँ आवश्यकता है वहीं खर्च करें।

पहले मैं बाहर खाना खाने और खिलाने पर काफी पैसा खर्च कर देता था पर जब मैंने सर को देखा तो सोचा ये तो मुझसे अच्छा रख सकते हैं रोज बहुत कुछ रख सकते हैं पर वो अपने ऊपर कालतू खर्च नहीं करते तो अब मैंने भी बाहर जाकर खाना लगभग बंद ही कर दिया है।

सचमुच मैंने हारा सर से बहुत कुछ सीखा है जो सिखना भी मुश्किल है। बस आशा करता हूँ कि वो लगातार ऐसे ही मेरा एक मार्गदर्शक (MENTOR) के रूप में मार्गदर्शन करते रहें। प्रभु हारा सर और उनके परिवार और सेवा को आशीष दें।

धन्यवाद

차례 CONTENTS

시작하는 말 4
제자의 편지 6

01 아담의 노래

고백 16
설마가 나에게 왔다 18
수술실 20
회복실 22
수술 후 첫날 밤 23
상처투성이 24
역설 -항암- 26
나없는 너 28
아담의 상처 30
혼자 살기 32
부엌에서 34
자유와 풍부 35
혼자 36
가을은 -방사선 치료- 37
사랑 38
바울에게 보내는 공개질의서 40
원망과 변명 44
부끄러움 46
아담의 노래 48

02 다시 시작

다시 떠남 52
다시 시작 54
다시 찾은 스마트폰 56
안식년 감사 58
마담 까항해? 60
인도에 세워진 바벨탑 62
화이트 크리스마스 64
인도의 미래 66
샛별이 떠오르기까지 68

갈수록 낯설어지는 길 70
히말라야 베이스캠프 72
우상과의 전쟁 선포 74
우상과의 단절, 언제 결단할까? 78
인도는 어디로 가고 있는가? 82
부득불 할 일 86
눈물이 얼어붙은 땅 카쉬미르 88
조급함 90
분실 강박증 91
은혜의 날개에 견인된 2019년 92
나그네로 살고 있는 티벳인들 94
비 98
로탕패스 터널 99
자동차 바퀴도 잡아주시는 주님의 손 100
인도의 길 104
오늘 부활 106
다시 시작되는 핍박 108
시온을 기억하며 울었도다(시편 137:1) 110
선율 따라 춤추는 교회 112
건물이 아니라 하나님 나라를 세우다 114
망한 농사 망할 선교 118

03 코로나19와 하프타임

코로나19, 바로 나 때문이다 122

선교지에서 코로나19 126
도적같이 찾아온 코로나19 126
봉쇄(Lock Down) 128
사회적 거리두기 130
사라진 일자리 132
비자와 항공권 취소 134
더 늦기 전에 136
온라인 사역으로 전환 137
고립과 자유 138
카톡제국 140
멈춤과 회복 142

혼자 잘 지내는 방법 144
출국 146

한국에서의 코로나19 151
입국 152
자가격리 154
자색 옷은 벗어요 156
마스크 158
온라인 예배와 영적체력 160
코로나19속의 빈부 격차 164
단계적으로 풀리는 봉쇄 166
보이지 않는 출구 168
어머니 울지 마세요 170
코로나19와 십자가 174
북한산 비망록 176

코로나19 이후 179
너무 빨리 내려 왔어요 179
파도소리 180
무엇을 어떻게 준비 할 것인가? 182
복음의 팬데믹(Pandemic) 190
코로나19로 중단된 생태공동체 계획 192
문을 열어요 196
무증상자 198
점점 더 그리워지는 사람 200
하나님의 하프타임(Half Time) 202
코로나19 참회록 204
코로나19 참회록2 206
멈추니 보이다 209
벽을 뚫고 태어난 아기 210

지리산에서 히말라야로 238
길이 산이다 240
마조히스트인가? 241
나는 왜 고난의 종 예수를 따르는가? 242
외 길 244
변호인 246
딸아 아들아 248
십자가가 말하게 하라 252
거룩함과 십자가 253
십자가와 하나님 나라 254
나를 아는 이 255
내리지 않는 비(유다서 1:11-13) 256
기다림 258

05 자발적 가난으로

도마의 제자들 262
순다르 싱의 집에서 264
스탠리존스의 쓸쓸한 아쉬람 266
아자리아에게 268
북인도교단 CNI와 선교협정을 맺으며 270
왜 기독교는 인도에서 실패했는가? 272
자립을 넘어 자발적 가난으로 276
새 280
앓고 있는 히말라야 282
저들이 보여 달라고 합니다 284
다시, 너는 나를 따르라 286
일몰 288
지금 가난한 사람아 290

가야만 하는 길 293

나가는 말
자기 몸만 기르는 목자(유다서 1:12) 294

04 예수의 십자가 나의 십자가

고난의 종 214
십자가 위의 예수 216
왜 산으로? 227
나의 십자가 228

13

01

아담의 노래

눈물 흘리리
씨를 뿌리면 새 하늘 열리리니
눈물 흘리리
흙으로 돌아갈 때까지…

고백

네가 아프니 내게 뼈를 깎는 아픔이 온다.
네가 외로우면 내겐 살을 에는 바람이 인다.

너는 내 뼈 중의 뼈요 살 중의 살이라.

설마가 나에게 왔다

아내가 건강검진을 받는다고 했을 때 '모처럼 안식년을 맞아 한국에 왔으니 한번 받아 보면 좋겠지'하고 흘려 버렸다.

'왼편 가슴에 미심쩍은 무엇이 있어서 정밀검사를 하게 되었다'고 할 때에도 병원들이 으례껏 해 보는 통상절차 정도로 가볍게 여겨 버렸다.

암세포가 발견되어 조직 검사를 하게 되었다고 할 때까지도 설마, 의심 반 걱정 반하면서 '오진일 수도 있을 것이라고' 자신감 없는 확신을 한 손으로 붙잡고 애써 하던 일을 계속했다.

일이 손에 잡히지 않는 며칠 지나 검사 결과가 나왔다. 결국 설마가 나에게 오고 말았다. '유방암' 확진을 받았다.

설마는 되돌릴 수 없는 현실이 되었는데 '암'이라는 상황을 인정하고 나의 것으로 받아들이느라 여전히 몸살을 앓고 있다.

아내는 '안식년에 암을 발견하게 된 것만도 감사하다'고 담담히 말한다.

살이 떨리고 뼈가 아리다.

수술실

애써 웃음을 보이며 너는 실려 들어가고
두꺼운 수술실 문이 무겁게 닫혔다.

너는 수술대로 올라가고 나는 대기실 모니터 속으로 들어간다.
너의 이름에 '수술중'이라는 불이 들어왔다

너의 몸이 마취되기 시작할 때
나의 기억은 깨어나기 시작했다.

28년 고인 눈물이 넘친다,

목사의 아내로 묶인 세월이 강물처럼 흐른다
선교사로 견디어 낸 하루하루가 참꽃처럼 피어난다.

날카로운 메스가 너의 생살을 가르고 나의 기억을 찔러 피가
흐른다.

부딪치는 쇳소리에 너의 신음 소리 아스라이 들려오고
흥건히 적은 거즈가 죄책감처럼 수북이 쌓인다.

암을 키우며 살아온 세월과 암을 떼어내고
살아야 할 세월 사이에서
엎치락뒤치락 씨름을 하는 사이
너의 보호자를 부르는 소리가 들린다.

고개를 드니 너의 이름이 흐릿하게 보이고
'회복중'이라고 깜박 거린다.

회복실

회복실 문이 열리고 너를 태운 침대가
가볍게 미끄러져 내게로 왔다.
너는 수술실로 들어갈 때 보다 더 밝은 웃음으로 나를 맞았다.

병상으로 옮겨지고 더 가늘어진 너의 손을 잡았다.
몸 한 쪽을 도려냈으니
몸의 통증보다 마음의 통증이 더 클 것이다.
그러나 너는 더 당당하고 씩씩하다.
그러니 나는 더 안쓰럽고 아프다.

수술 후 첫날밤

긴 하루를 지킨 해가 병실 창가에 찾아와
잠깐 인사를 하고 돌아갔다.
서서히 어둠이 깃들고
이제 고통은 오롯이 너의 몫이다.

험한 수술 견디느라 고단한 몸이 잠에 빠져든다.
잠이 들더니 너는 비로소 진실을 말한다.
몸 많이 아프다고
맘은 더 많이 슬프다고
너의 깊은 신음 소리가 나의 심장에 꽂힌다.

수시로 찌르는 통증에 깜짝깜짝 깨어나서는
어둠 속에서도 너는 미소를 짓는다.

그러기를 밤새 반복하더니
어제의 통증과 싸우느라 붉어진 그 해가 반갑게 찾아와
부은 너의 얼굴을 환하게 비춘다.
어둠이 가신 너의 얼굴에서 첫아이를 낳고 일어났을 때의
그 빛을 보았다.

상처투성이

퇴원하라고 한다.
몸에 심어놓은 물주머니도 떼지 않았는데

무조건 병실을 나선다.
어디로 가야 하나?
주일 아침인데 마땅히 갈 곳이 없다.
물주머니를 매달고 있으니 더욱 그렇다.

채혈실 복도 한구석 의자에 나란히 앉았다.
기다렸다는 듯이 창밖의 동산 나무들이
가지를 흔들며 인사를 건넨다.

상처들이 드러나 보인다.
지난여름 태풍에 꺾여 덜 아문 상처
어릴 때 낫에 베인 상처 자국
벌레가 갉아 낸 작은 구멍들
느닷없이 톱에 잘린 굵직한 흔적
거기에는 아직도 진물이 고여 마르고 있다.
다른 나무들 등쌀에 눌려서
구불구불 아래로 쳐진 가지가 눈에 밟힌다.

그중에 제일 큰 나무는 꼭대기가 시꺼멓다.
어느 해 벼락을 맞았나 보다.

그래도 모두 조용히 하늘을 향하고 있다.
비록 속에는 상처투성이이고
아래는 구불구불 삐딱하게 굽어 있어도
머리 끝은 정확하게 수직으로 하늘에 닿아 있다.
그래야 다시 새싹을 움트게 할 수 있나 보다.

바람에 이리저리 흔들려도
이내 중심을 다 잡고 하늘에 집중한다.
서로 부딪쳐 긁히고 부러져도 각각 하늘을 향해 손을 모은다.
그래야 다시 새 가지를 낼 수 있는가 보다.

어느새 따스한 봄 햇살이
주사자국 가득한 아내의 손등을 비춘다.

역설 -항암-

우주 밖에서 왔는지 이름도 생소하고 색깔도 낯선 액체들이
투명하고 긴 줄을 타고
너의 몸속으로 점령군처럼 투입되고 있다.

역설이다.

죽이려고 살리고
살리려고 죽인다.

극한 시험이다.

견딜 수 있는 최대치의 고통이다.
지킬 수 있는 최소한의 존엄이다.

투쟁이다. 골고다 언덕이다.

잠깐은 죽음이 생명을 삼킨다.
영원은 생명이 죽음을 이긴다.

나 없는 너

병원에서 짜 놓은 아내의 8차례 항암 치료 일정은 선교지 사역 일정과 겹친다. 제자들과 일 년 전부터 약속한 일들이 있다. 예정된 일들을 취소하고 아내 곁에 있을 것인가? 아내 혼자서 항암 치료를 하게 두고 가서 일을 할 것인가?

사역이냐? 가정이냐? 선교사의 사명? 남편의 의무?

아내 대신 아파줄 수 있는 것도 아니고 항암치료는 의사들이 하는 것이니 아내 곁에 남아 있는다고 크게 달라질 것은 없어 보였다. 반면에 사역지를 비울 경우 여러 가지 발생할지도 모르는 문제들이 크게 보였다.

갈등을 하다가 하나를 포기했다. 가정일은 하나님께 맡기고 사역을 계속 붙잡기로 한 것이다. 이미 익숙한 갈등해결 방식인지라 결정은 절벽에 부딪치는 바람처럼 빠르고 싸늘했다.

결국 아내는 남편 없이 항암치료 과정을 견뎌야 했다. 그 기간 여름은 유난히도 더웠다. 무더운 날 버스와 전철을 갈아 타가며 먼 길 병원을 혼자 다녀야 했다.
처음 항암 주사를 맞고부터 식욕이 사라지고 소화 기능이 약해져서 어지럼증과 구토증세로 식사를 제대로 못할 때 죽 한 그릇 끓여주지 못했다. 2차 이후 머리카락이 다 빠져서 모자를 쓰고 다닐 때 곁에 있어서 부끄러움을 조금이라도 가려 주었어야 했다.

한밤중에 고열로 몇 차례 응급실로 실려 갈 때에도 아내의 손 대신 전화기만 붙들고 아내의 눈 대신 시계만 바라보아야 했다. 남편 노릇을 못하는 자괴감에 밤새 몸부림쳤다.

어디 남편 노릇 못한 것이 그때뿐이랴 마는 형언할 수 없는 깊은 통증에 뼈가 마르고 첫울음 같은 서러움에 영혼까지 젖는다. 아내는 매사에 당연히 사역이 우선이라고 여기면서 평생을 살았으니 그 밤에도 그러려니 하고 응급실로 실려 갔을 것이다.

숱한 날 밤이 새도록 얼마나 아프고 서럽고 외로웠을까?

아담의 상처
- 너 대신 아플 수 있다면 -

너에게 온 질병을 나에게로 가져올 수 있다면
그래서 너는 아프지 않고 내가 대신 아플 수 있다면
너의 약함을 내가 져 줄 수 있다면
정말 그럴 수 있다면
내 몸은 아파도 마음은 아프지 않을 텐데

차라리 너 대신에 내가 수술을 받을 수 있다면
정말 그럴 수 있다면
너는 살을 찢지 않고 나는 마음을 찢지 않아도 될 텐데
정말 그럴 수 있다면
쓰린 눈물은 흘리지 않아도 될 텐데

그럴 수 없으니
네가 살이 아프면 나의 뼈가 아프고
너의 뼈가 아플 때 나는 맘과 영혼이 아프다.

혼자 살기

아내가 한국에 남아 항암치료를 계속해야 하기에 선교지에서 혼자 살기 시작했다. 결혼 이후 가끔 며칠씩은 떨어져 지낸 적이 있지만 일 년 이상 따로 살기는 처음이다.

낯설다. 특별히 새벽에 어슴푸레 잠에서 깨어날 때 혼자라는 사실을 깨닫는 데 여러 날이 걸렸다. 무의식과 의식의 경계에서 옆자리가 비어 있음을 느낀다.

무의식 중에 생각한다. "아내는 벌써 일어나 부엌에 가 있나 보다." 한참 지나도 부엌이 조용하다. 살며시 날이 새면서 차츰 혼자임을 깨닫는다.

어떤 날은 "혼자 먼 곳으로 여행을 왔는가?" 착각 속에 잠이 깨 벽에 걸려있는 익숙한 달력을 보고서야 집에 혼자임을 확인한다.

영혼 떨리는 찬 새벽에 생각한다. 언젠가 마지막 긴 잠에서 깨어날 그때 아무도 없고 혼자라면 얼마나 춥고 무서울까?

부엌에서

혼자 살면서 부엌일이 큰일이라는 사실을 깨달았다. 아무리 바빠도 먹어야 한다. 심지어 몸이 아파도 어떻게든 먹어야 한다. 그러니 부엌은 살림살이의 중심이다.

바깥 일이 중요하다고 생각하고 살았다. 그러니 먹는 것은 최대한 간단하게 짧은 시간에 해결하는 것이 좋다고 여긴다. 그런데 아무리 간단하게 먹어도 그것이 그렇게 간단한 일은 아니다. 누군가는 미리 생각하고 준비해서 식탁에 올려야 한다. 먹고 나서는 반드시 설거지를 해야 한다.

부엌 여기저기에 아내가 살림한 흔적이 남아 있다. 크고 작은 종이에 빼곡히 인도 음식 만드는 방법과 재료를 메모해 붙여 놓았다. 검은 그을음 내뿜는 가스 불 켜가며 하루도 빠짐없이 부엌일을 해낸 것이다.

가족들 그리고 멀리서 가까이서 찾아오는 많은 손님들을 위하여 그 뜨거운 날들 음식 냄새날까 봐 부엌문을 꼭 닫고서 아내는 살림살이의 중심에 혼자 서 있었다.

온몸을 적시는 땀보다 눈물을 더 많이 흘렸을지도 모른다. 아내가 힌디어(인도어)로 예쁘게 종이에 써서 붙인 성경 구절이 홀로 선명하다.

"주여 이제 내가 무엇을 바라리요. 나의 소망은 주께 있나이다"(시편 39:7)

자유와 풍부

외로움에 익숙해진 줄 알았는데
가난함에 지쳤나 보다.

아직은 타협할 때가 아니다.
날개를 접을 때가 아니다.
외로움을 더 견뎌야 한다.
가난을 더 버텨야 한다.

외로움은 자유이고
가난이 풍부이다.

혼자

처음부터
아무도 없었다.
혼자였다.

혼자 걷고
혼자 생각하고
혼자 결정해야 했다.
그 결과도 혼자 감당해야 했다.

혼자
이것은 교만도 사치도 아니다.
실존이고 삶의 방식이다.
끝 날에도 혼자일 것이다.

그날 혼자의 기다림은 끝이 나고
신랑을 맞아 혼인잔치에 들어갈 것이다.

가을은 -방사선 치료-

가을은 빛의 시간이다.
온몸을 태우는 가뭄을 견디느라
핼쑥해진 너의 얼굴 위로 아낌없이 쏟아붓는다.
가만히 서서 받기만 하면 된다.
내가 네 안에 네가 내 안에 있기만 하면
좋은 열매가 되리라.

가을은 빛깔의 시간이다.
끊어 버릴 듯 흔들어 대는 태풍을 이기고
자랑스레 흔들고 있는 너의 손 위로
눈부시게 내려와 흠뻑 젖는다.
바람 따라 흔들리며 이쪽저쪽 취하기만 하면 된다.
내가 네 안에 네가 내 안에 있기만 하면
고운 단풍이 되리라.

사랑

몸의 필요를 모두 긁어모아도
맘의 욕구를 다 채우지 못하고
몸과 맘의 것들을 다 쓸어 담아도
그 빈 공간을 모두 메우지 못했다.

몸과 맘의 불평을 다 쏟아부어도
그 사랑의 불은 꺼지지 않고
쌓인 한을 다 엎질러도
그 사랑의 물은 마르지 않아라.

바울에게 보내는 공개질의서

"내가 그리스도를 본받는 자가 된 것 같이 너희는 나를 본받는 자가 되라"(고린도전서 11:1)

그렇게 자신 있게 공개적으로 선언하는 당신의 삶을 본받고 싶어 선교사의 길을 가고 있는 나에게 당신은 여전히 오르기 힘든 히말라야 고봉처럼 보입니다.

단호하게 가파른 수직선 앞에서 절망하기를 여러 차례 반복하면서 차라리 돌아갈까 갈등을 하기도 했지만 포기하고 돌아서기에는 너무 멀리 와 돌아갈 길도 보이지 않으니 포기하기보다는 사선으로 비스듬히 빙 돌아 올라가는 길을 택하여 가고 있다고 말할 수 있지요.

당신이 남겨놓은 발자국만큼은 멀찍이 서라도 잃어버리지 않기 위해 타협과 위선의 경계선을 넘나들며 아슬아슬한 줄타기를 하며 길을 걷고 있어요.

그러면서 당신에게 한 가지 질문이 생겼습니다. 당신은 결혼을 했습니까? 정확하게 당신은 결혼을 했는지 묻고 싶은 것입니다.

이것은 언젠가 당신을 만나게 된다면 직접 물어보고 싶은 오래된 질문이기도 합니다. 그리스도를 위하여 모든 것을 배설물로 여긴다고 하면서 모든 면에 아주 명쾌하게 선을 그은 당신이 유독 결혼에 대하여는 이럴 때는 이렇게 저럴 때는 저렇게 말씀을 하시니 말입니다. 또 이런 사람에게는 이렇게 저런 사람에게는 저렇게 하라고 명령이 아니라 권면이라 하니 어느 장단에 춤을 추라는 것인지 혼란스럽습니다.

그러니 결혼에 대한 당신의 입장을 정확하게 밝혀 주시기를 바랍니다. 당신은 결혼을 했습니까? 하지 않았습니까?

당신의 삶을 연구한 성경학자들 중에 몇몇은 당시의 관습과 문화적 배경 그리고 당신의 사회적 신분이나 위치 등을 근거로 바울 당신은 결혼을 했을 것이라고 주장을 합니다.

그러나 당신 스스로는 결혼 여부에 대하여 정확하게 밝힌 적이 없고 당신의 아내나 자녀 등 가족에 대하여는 일절 언급을 하지 않으시니 여러 가지 설들만 분분합니다.

"나와 같이 그냥 지내는 것이 좋으니라"(고린도전서 7:8) 당신의 이 말씀은 결혼을 하라는 말인지 하지 말라는 말인지 알 길이 없어 젊은 시절 방황하기도 했습니다.

그러나 결국 그런 고민과 갈등을 끝내고 선교적 삶을 위해 아내와 결혼을 하였지요. 남의 터 위에 건축하지 않는다는 당신의 결기에 영향을 받아 농촌 선교를 위하여 젊은 시절을 다 보냈고 그 후로는 당신을 좀 더 가까이 따라 보려는 열정으로 인도에 와서 살고 있어요. 선교사로 사는 동안 당신의 삶과 말씀은 나의 교과서이고 나의 흠을 알아차리게 하는 거울이었어요. 당신처럼 더 완벽하게 그리스도를 따르지 못하는 부족함과 게으름을 스스로 자책하고 부끄럽게 여기면서 때때로 회개하곤 했지요.

그러다가 아내가 암 수술을 하게 되었고 암 투병을 하고 있는 아내와 함께 하지 못하고 멀리서 지켜보면서 나는 다시 당신의 말씀으로 인하여 혼란과 갈등을 겪게 되었지요. 이 갈등은 선교사의 사명과 한 가정의 가장으로 그리고 아내의 남편으로써의 책임 사이의 간극을 다 채우지 못하는 나의 한계에 대한 고백이기도 하다는 점을 먼저 말씀을 드립니다.

당신은 사도의 권리에 대하여 이야기하면서 "우리가 다른 사도들과 같이 믿음의 자매 된 아내를 데리고 다닐 권리가 없겠느냐?"(고린도전서 9:5) 했지요.

선교현장에 아내와 함께 하는 것이 '데리고 다닐 권리' 라고까지는 생각해 본적이 없어 선뜻 동의는 안 되지만 만일 당신이 결혼을 안 한 입장이라면 결혼하여 아내와 함께 다니는 다른 사도들을 보고 그렇게 생각은 할 수 있겠다 싶어 이해는 됩니다.

결혼하여 아내와 사는 것을 권리라고 표현한 것이 '아내 사랑하기를 그리스도께서 교회를 사랑하신 것 같이 하고 그리고 자신과 같이 사랑하라'(엡 5:28)고 남편의 책임을 강조한 말씀과 절묘하게 균형을 맞추고 있는듯하여 뭐라고 딱히 흠잡을 수는 없지만 과연 그것이 선교현장 현실에서 어떻게 가능한지 묻고 싶은 것입니다.

그런데 당신은 이 질문에 대한 즉답을 피하고 에둘러서 '이후부터는 아내 있는 자들은 아내 없는 자 같이 하며'(고린도전서 7:29) 말씀을 하셨으니 역시 당신다운 말씀입니다.

이 말씀이 언뜻 듣기에는 아내와 함께 선교적 사명을 감당하며 살아가는 일과 남편으로써 아내에 대한 도리와 책임을 다하는 일 사이에 있을 수 있는 온갖 별의 별 상황들과 갈등을 겪어 보았기에 충분히 이해하고 깔끔하게 정리 한 사람의 말처럼 들리기 때문입니다. 그런데 그것이 칼로 무 자르듯이 한 번의 결단으로 가능한 일일까요?

그래서 당신에게 다시 묻습니다. 당신은 결혼 하셨습니까? 아내 있는 자가 아내 없는 자 같이 사는 것이 어떻게 가능한 일입니까?

아내 없는 자 같이 살라고 권하는 말씀의 뜻을 전혀 모르는 것은 아닙니다. 정말 그렇게 살아야 한다고 여기고 살고는 있습니다. 그러다보니 믿음 부족한 나로서는 말씀과 현실 사이에서 그리고 진실과 위선 사이에서 아슬아슬한 줄타기 갈등이 그치지 않습니다.

그래서 나는 당신과 같이 통곡합니다.

"오호라 나는 곤고한 사람이로다. 이 사망의 몸에서 누가 나를 건져내랴"(로마서 7:24)

원망과 변명

당신 때문이라고 모든 것이 당신 때문이라고
무슨 문제가 생길 때마다 당신을 원망하며 살아왔습니다.

그래야 나의 존재 근거가 흔들리지 않고
앞으로 나아갈 길이 열린다고 생각을 했습니다.

그것이 원죄였습니다.

이래서 그랬노라고
그래서 이랬노라고
변명하며 살아왔습니다.

그렇게 나의 정당함을 보장받으려 했습니다.
이것이 죄의 열매였습니다.

원망으로 십자가를 지려했고
변명으로 십자가를 피하려 했습니다.

원망을 십자가에 못 박고
변명을 무덤에 가두고 봉인합니다.

부끄러움

나뭇잎으로라도 가릴 수만 있다면
온갖 이파리 엮어서 가릴 수만 있다면

돌아서면 말라비틀어져 버리는
이파리 같은 부끄러움 두 손으로 움켜쥐고
나무그늘에 숨는다.

가죽같이 뻔뻔한 어둠으로 감출 수만 있다면
피같이 붉은 죄를 지울 수만 있다면
어린양 죄 없는 피가 매일같이 흘러도
그 피보다 검붉은 그치지 않는 부끄러움이여

그 부끄러움 끊으려
기어이 오셨으니
십자가
부끄러움 중에 부끄러움이라.
저주 끝에 저주로다.

머리를 흔들며 피해 간다.
마치 못 볼 것을 본 듯이 황급히 덮어 버린다.

외면당한 십자가
가려진 십자가
아! 나의 부끄러움이여

아담의 노래

땀을 흘리리
묵은 땅 갈아엎으면 새 땅 되리니
땀을 흘리리
흙으로 돌아갈 때까지,

눈물 흘리리
씨를 뿌리면 새 하늘 열리리니
눈물 흘리리
흙으로 돌아갈 때까지,

하와를 위하여 땀과 눈물 흘리리
엉겅퀴 뽑아내면 백합화 피어나리니
흙으로 돌아갈 때까지,

가인을 위하여 피눈물 흘리리 돌을 옮기며
세월 지나 겨울 전에 돌아오리니
흙으로 돌아갈 때까지,

아벨을 위하여 피눈물 흘리리 가슴에 묻으며
겨울 지나 봄 되면 부활하리니
흙으로 돌아갈 때까지,

땀을 흘리리 단을 거두며
첫 열매 올리며 춤을 추리
흙으로 돌아갈 때까지,

피를 흘리리 산 제물 드리며
금거문고 가락에 새 노래 부르리
흙으로 돌아갈 때까지,

그날 돌아가리라.
그룹들 사이 불 칼을 넘어
생명나무 있는 그 정원으로

거기서 마르리 얼굴의 땀
그때 씻겨지리 심장의 눈물

02

다시 시작

남은 사명의 길을 다 마치기 위해
밀레도를 떠나
"생명의 위협이 있으니 가지 말라"는
만류가 있음에도 불구하고
예루살렘으로 나아가는
바울의 뒷모습은 어땠을까?

다시 떠남

안식년을 마치고 지난 5월 22일 저녁 한국을 떠나왔다. 인천 공항으로 가는 길에 지난 6개월 동안 한국에서의 일들이 강 건너 가로등 따라 스쳐 지나갔다. 사역지를 너무 오래 비워둘 수 없다는 생각에 그리고 '곧 돌아올 것이라고' 제자들과 한 약속을 깰 수 없어서 한 가정의 가장으로서 감당해야 할 남은 일들은 주님께 맡기며 비행기에 올랐다. 비행기가 캄캄한 어둠 속으로 들어서고 나서야 암 투병 중인 아내를 남겨두고 이렇게 출국하는 것이 누구를 위한 일이며 그리고 바른 결정인지 스스로 따져 물어보았다. 비행기의 기수를 되돌릴 수 없듯이 밤새 이리저리 생각을 해 보았지만 뾰족한 답을 찾을 수 없었다.

그러는 사이 비행기는 아무 일 없었다는 듯 순조롭게 착륙하여 나를 인도 땅에 내려놓았다. 우리 가족이 처음 인도에 입국한 바로 그 시간대다. 달라진 것이 있다면 그때는 네 사람이었는데 이제 혼자라는 사실이다. 공항 밖으로 나왔더니 그때처럼 덥고 어두 침침하였다. 이미 익숙해진 열기와 냄새가 제일 먼저 달려와 심장 속까지 파고들어 인도에 돌아왔음을 확인해 준다.

공항을 빠져나와 아직 어둠에 잠긴 이 땅, 진리에 목말라하는 이 백성들을 바라보니 첫 입국할 그때는 가족에 대한 책임감에 가려져 있던 감정들이 솟구쳐 일렁인다.

외아들 이삭을 산 제물로 드리려 이른 새벽 모리아산 오를 때 아브라함의 발걸음이 어땠을까?

남은 사명의 길을 다 마치기 위해 밀레도를 떠나 "생명의 위협이 있으니 가지 말라"라는 만류가 있음에도 불구하고 예루살렘으로 나아가는 바울의 뒷모습은 어땠을까?

2018. 5. 23

다시 시작

집에 도착하니 먼지 냄새가 수북하다. 창밖의 빈 공간에는 비둘기 가족이 집을 짓고 살림을 차렸다. 새끼 비둘기 두 마리가 꼼지락거리며 태평하게 어미를 기다리고 있다. 평소에는 시끄럽고 지저분하게 주변을 어지럽히기만 하는 귀찮은 존재들이지만 오늘은 반갑고 고맙게 느껴진다.

아침까지 먼지를 털어내며 다시 살 준비를 한다. 이제는 당분간 혼자 살아야 하니 수저 젓가락은 한 벌씩만 그릇들도 꼭 필요한 것들만 남기고 모두 묶어 한쪽에 정리해 놓았다.

날이 새기를 기다렸다가 사역자들에게 전화를 하였다. 모두들 반가운 목소리로 이런저런 이야기보따리들을 풀어 놓는다. 한국에 머무는 동안에도 온라인을 통하여 수시로 연락을 하였기에 별다른 문제가 없는 줄은 알았지만 목소리를 들으니 반갑고 비로소 다시 나의 자리로 돌아온 것이 실감이 난다. 모든 사역지들이 핍박 속에서도 안전하고 또한 사역자들과 성도들이 어떤 사고를 당하거나 시험에 드는 일 없이 든든히 서 있으니 얼마나 감사한지 모른다.

2018. 5. 25

다시 찾은 스마트폰

스마트폰을 새로 구입하게 되었다. 택시를 타고 집으로 돌아와 짐 정리를 하는데 그 스마트폰이 보이지 않는다. 큰 가방과 작은 손가방에 든 물건들을 다 쏟아 놓고 찾아도 없다. 혹시나 짐 사이에 끼였나 해서 짐들을 이리저리 뒤적여 보아도 없다. 택시를 부를 때 사용하고 가방에 넣어둔 것까지 기억나는데 보이지 않는다.

택시 타고 집으로 오는 길에 식수를 사려고 상가 앞에 택시를 세웠었다. 지갑을 손에 챙겨들고 가방은 앉았던 택시 앞 좌석에 그냥 두고 내려 물을 사가지고 돌아와 스마트폰은 확인하지 않았다. 택시 안에서 사라진 것이 분명하다. 택시 기사에게 전화를 했다.

너의 차 안에서 스마트폰을 잃어버린 것 같으니 한번 찾아보라고 했더니 즉각적으로 없었다고 하면서 전화를 끊는다.

한참 후에 다시 전화를 걸었다. 귀찮다는 듯이 전화를 받으며 자기가 또 차 안을 뒤져 보았는데 스마트폰은 없었다는 것이다. 내일 아침 밝을 때 한 번 더 살펴보라고 아침에 다시 전화를 하겠다고 말하고 전화를 끊었다. 잠이 잘 오지 않는다. 먼저 쓰던 스마트폰이 오래되어 고심 끝에 새로 구입한 것인데 제대로 써 보지도 못하고 이렇게 잃어버린다는 사실을 인정할 수 없다. 물을 사려고 택시에서 내릴 때 폰이 들어 있는 가방도 가지고 갔어야 하는데 택시 기사에게 빌미를 준 것 같아 후회가 된다. 그동안 인도 생활에 익숙해졌다고 마음이 풀어진 틈을 들킨 것 같아 쓰리다. 기사가 스마트폰을 가져갔다는 증거도 없고 설령 그렇다 해도 돌려받을 가능성은 희박해 보인다.

이튿날 통신사에 분실 신고를 했다. 한 번만 더 전화를 해 보고 포기하려고 전화를 걸었다. "그 스마트폰은 분실신고가 되어 있어서 통신사를 통해 위치 추적이 되고 있다. 그래서 그 폰을 가지고 있는 사람은 경찰에게 걸리게 될 것이지만 나에게 돌려주면 선물을 받을 것이다. 그러니 다시 한번 잘 생각해 보라." 하고는 전화를 끊었다. 잠시 후에 뜻밖에도 전화가 왔다. 지금까지와는 다른 목소리로 택시 좌석 밑에서 스마트폰을 찾았다는 것이다.

스마트폰을 가지고 근처로 왔다. 정직에 대한 선물이라고 하면서 약간의 기름값을 손에 쥐어주었다. 겸연쩍어 하면서도 표정이 밝아져 황급히 사라져 갔다.

잃었던 스마트폰을 하루 만에 이렇게 다시 찾게 된 것이다. 스마트폰을 다시 사지 않아서 감사하고 택시 기사를 설득시킬 수 있었던 것이 감사하고 무엇보다도 나의 방심으로 스마트폰을 잃어버렸다는 자책감과 상실감을 털어 버리게 되어 감사하다.

이웃의 인도 친구에게 이야기했더니 어떻게 인도에서 그런 일이 가능하냐고 신기해 한다. 더 큰 것을 잃어버리지 않도록 방심하지 말고 마음을 단단히 지키라는 예방주사를 맞은 것이다.

2018. 6. 1

안식년 감사

　생애 처음 안식년을 맞아 지난 몇 달간 인도 선교 현장을 떠나 한국에 머물며 회복하고 재충전할 수 있었습니다. 분에 넘치는 은혜였습니다.

　저에게는 한국의 하늘 아래 있다는 것 그 사실 자체가 위로가 되고 쉼이 되었습니다. 그래서 주로 하늘과 산을 바라보며 지냈습니다.

　매일 한결같이 떠오르는 해가 수시로 그려 내고 만들어 내는 다양한 풍경들을 가능하면 많이 보려고 했습니다. 특히 이른 새벽 샛별과 함께 어둠을 밝히던 수많은 별들이 해가 뜨는 것을 정확히 알아차리고 조용히 사라져 가는 그 거룩한 시간만큼은 놓치지 않으려고 애를 썼습니다.

　저에게는 하루 중 가장 창조적이고 아름다운 시간입니다. 고국의 땅을 밟고 걸어 다니면서 몸과 마음을 고치고 회복할 수 있었습니다.

크고 작은 산들은 언제든지 조건 없이 저를 품어 주었습니다. 그래서 어디를 가든지 오랜만에 돌아온 고향같이 마음이 편안했습니다. 새소리 물 흐르는 소리 바람소리는 막혀가던 저의 귀를 말끔히 청소해 주었습니다.

변화무쌍하게 펼쳐지는 구름과 그 아래 멀리 끝없이 굽이치는 산하는 저의 굽은 마음을 펴 주기에 충분했습니다. 그래서 아내와 함께 병원 가는 날 빼고는 거의 산으로 갔습니다. 다 치유받고 싶어 걷고 또 걸었습니다.

그런데 이렇게 한국에 머물며 쉬는 동안에 바쁘고 고단하게 살아가시는 여러분을 보면서 정말 미안했습니다. 만나서 밥 한 끼라도 사드리고 싶었는데 마음뿐이었습니다.

여러분 감사합니다. 여러분 덕분에 저는 잘 쉬고 돌아왔습니다.

2018. 6. 29

마담 까항해? (마담 어디 있느냐?)

델리 지역과 유피(U.P) 지역 핵심 사역자들이 한곳에 모여 수련회를 진행하였다. 수련회 첫날 오랜만에 만난 사역자들이 환하게 웃으며 한 명씩 품에 안겨온다. 제자들의 체온이 느껴지고 심장소리가 들리고 가난하지만 뒤돌아서지 않고 교회를 지키며 양 무리를 먹이며 수고한 흔적들이 보인다. 이렇게 한참 서로의 안부를 물으며 인사를 나누다 제자들이 묻는다

"마담 까항해(마담 어디 있느냐)?" 아내가 보이지 않자 제자들이 아내를 찾는 것이다. 그동안 중요한 사역이 있어 사역지를 방문할 때에는 아내와 동행을 했었다. 그런데 이번에 아내가 보이지 않으니 무척 궁금한 모양이다.

사역자들은 모임에서 아내가 카레(curry) 등 인도 식재료를 가지고 한국식으로 음식을 만들어 주면 아주 맛있게 먹곤 했다. 이번에도 은근히 아내의 음식 솜씨를 기대하고 있었는지도 모른다. 집에 일이 좀 생겨서 못 왔노라고 둘러대기는 했지만 마음이 편치 않다.

아내가 암 수술을 했다는 사실을 아직 알리지 않았다. 사역에 집중해야 하는데 아내 이야기를 꺼내게 되면 분위기가 어두워지고 걱정을 끼치게 될 것 같았기 때문이다.

마지막 날 사역자들 서로를 위해 중보 기도하는 시간이 되었다. 한 사람씩 자신의 가정과 사역에 있는 어려움이나 기도 제

목을 나누면서 내 일처럼 기뻐하고 아파하며 서로를 위해 기도했다. 마지막으로 제자들이 나의 기도제목을 묻는다. 다시 아내의 이야기를 꺼낼 것인지 그냥 넘어갈 것인지 갈등을 하게 된다. 그러나 이 시간을 놓치면 앞으로 제자들에게 삶과 기도제목을 나누자고 말하기 어렵겠다는 생각이 들었다. 그리고 아내가 그렇게 빠른 시일 안에 돌아올 수 있는 것도 아니라 어쩌면 계속 거짓말을 해야 할지도 모른다는 생각에 결국 아내 이야기를 했다.

아내는 암 수술을 했고 지금은 한국에 남아서 항암치료를 받고 있다는 사실을 알리고 아내의 치료와 회복을 위해서 기도를 부탁했다. 그런데 듣고 있던 제자들이 하나둘씩 눈물을 흘리기 시작하는 것이었다. 제자들의 붉어진 눈에 잔뜩 고인 눈물을 보자 나의 눈에서도 눈물이 흐르기 시작한다. 제자들이 다가와 나의 손을 잡고 어깨를 부여잡으며 기도한다. 나의 손등 위로 제자들의 뜨거운 눈물이 떨어진다. 제자들의 따뜻한 마음이 전해져 마음이 뜨거워지고 눈물이 주체할 수 없을 정도로 쏟아진다. 이렇게 눈물로 한참을 기도하다가 서로의 젖은 얼굴을 보게 되었다. 그 제자들의 맑은 얼굴에서 위로하시는 주님의 모습을 보았다.

아내가 암 진단을 받은 이후 수술과 치료 과정에 함께하는 동안 나도 모르게 속에 쌓이고 맺혔던 그 무엇이 녹아지고 풀어져 사라지는 것을 경험했다. 한국에서는 그 누구에게도 위로받지 못했던 한구석에 덮여 있던 슬픔을 제자들을 통해 이렇게 위로받은 것이다.

2018. 7. 10

인도에 세워진 바벨탑

2018년 10월 31일 인도 구자라트 주에 세계에서 가장 높다는 동상(182m)이 완공되어 공개되었다. 독립된 인도의 초대 부수상 겸 내무부 장관을 지낸 힌두 민족주의자 파텔(S.V Patel 1875-1950)의 동상이다. 초대 수상으로써 독립 인도의 국가적 기초를 다진 네루(Jawaharlal Nehru 1889-1964)가 타 종교에 대하여 개방적이고 포용적인 일명 세속주의 노선을 표방한데 비해 파텔은 힌두교 중심의 강력한 배타적 민족주의를 주장했다.

그런데 힌두 민족주의 노선을 표방하는 현 집권당으로써는 네루 총리가 기초를 놓고 네루 가문이 대를 이어 집권하는 동안 정착되어 온 세속주의(Secularism) 이념과 통치 체제를 부정하고 힌두 민족주의로 전환하기 위한 정치적 종교적 모티브가 필요했다. 이러한 필요를 적극적으로 이용하면서 힌두교 극우 세력을 중심으로 전반적인 힌두교인들을 규합하려는 목적으로 "연합의 상"(Statue of Unity)이라는 이름을 내세워 제작된 것이다. 이러한 거대한 동상을 만들어 놓고 힌두교 민족주의 이념과 체제로 국가를 통치하겠다는 정치세력이 재집권에 성공하였고 이제는 영구집권을 꿈꾸며 모든 국민들을 우상숭배의 길로 몰아가고 있다. "세계 최고", "연합의 상"등 그럴듯한 이름과 화려한 제막식으로 홍보하고 전국에서 몰려오는 순례객들을 통하여 힌두교 민족주의를 전파 강화시켜 나가고 있다. 이에 자극을 받은 다른 주에서는 또 다른 힌두교 신이나 우상시되는 신적 인물의 동상을 더 크고 화려하게 제작하겠다고 경쟁적으로 나서고 있다.

문제는 이러한 무모한 종교적 선동정치에 대하여 문제를 제기하거나 멈추도록 반대하는 세력이 보이지 않는다는 것이다. 이로 인한 막대한 경제적 부담과 피해는 결국 백성들이 입게 될 것이고 뿐만 아니라 타 종교에 대한 배타성이 심화될 것이 우려된다.

이러한 동상을 통해 힌두 민족주의 이름으로 인도 백성들을 묶어 놓고는 힌두신의 영광을 빙자하여 자신들의 정치적 욕망을 이루고 그 명망을 세상에 높이 드러내려고 저들은 현대판 바벨탑을 쌓은 것이다.

바벨론의 금 신상보다 더 높게! 더 화려하게!

하늘을 찌를 듯 높이 솟은 동상을 바라보면서 더 늦기 전에 성도들과 청년들을 깨우는 일을 해야겠다는 마음이 더욱 간절해진다.

저들의 교만은 세계 최고라고 자랑하는 우상 꼭대기를 넘어 이미 하늘에 닿았고 극단적 힌두교 민족주의 낡은 밧줄로 백성들을 흩어지지 못하게 묶어 놓으려는 저들의 폐쇄적인 어리석음은 벌써 무너지는 소리가 들려오고 있다.

이렇게 강요되는 우상숭배에 맞서 "아니요!" 외치며 맹렬히 타고 있는 풀무불 속으로 걸어 들어갈 수 있는 세 명의 친구만 있으면 충분하다.

2018. 11. 3

화이트 크리스마스

　제자 중 한 명인 나렌드라의 고향 모라다바드에 교회를 개척하려고 일 년 전부터 복음을 전하고 있습니다. 지난 12월 23일 주일에는 그곳에 가서 나렌드라의 가족과 친척들 그리고 마을 주민들과 어린이들을 초대하여 성탄예배를 드렸습니다.

　이 지역에는 주로 이슬람교도들이 살고 있습니다. 인도는 전체적으로 힌두교도가 절대다수이지만 부분적으로 이슬람교도들이 모여 사는 지역이 있습니다. 전국적으로는 이슬람교도들이 11% 정도 됩니다. 힌두교와 이슬람교 간에는 화해하기 어려울 정도로 많은 피의 전쟁과 학살의 아픈 역사적 경험이 있습니다. 현재는 이슬람교가 힌두교에 의해 핍박을 받고 무시당하는 상황입니다.

　그 마을에 살고 있는 나렌드라의 부모님과 형제들을 통해 크리스마스 축제를 할 것이니 오라고 미리 초대를 해 놓았기에 마당 가득 사람들이 모였습니다. 견우와 직녀 이야기에 나오는 오작교를 예화로 저들에게 십자가 복음을 전하였습니다. 그리고 하나님께로 가는 다리를 놓기 위해 예수그리스도가 오셨고 오늘날 여기 이 마을에 교회가 필요하다고 설명을 하였습니다. 저들은 그렇게 예수님의 십자가 복음을 처음 들어 본 것입니다. 낯선 외국인을 통해 낯선 복음을 들었지만 저들은 영적으로 반응하였습니다. 성령께서 역사하신 것입니다. 이렇게 방문해서 복음을 전하다가 준비가 되면 곧 사역자를 파송하여 교회를 세우게 될 것입니다.

그곳에 가기 위해 새벽 3시에 출발하였습니다. 가는 길에 자욱하게 낀 안개로 그야말로 한 치 앞을 내다볼 수 없었습니다. 비상등을 깜박이며 조심조심 운전하여 늦지 않게 도착할 수 있었습니다. 도착하여 보니 긴장한 탓에 옷이 땀으로 흠뻑 젖어 있었습니다. 사역을 다 마치고 오후 늦게 출발하여 돌아오는 길도 역시 짙은 안개와 함께 밀려오는 차량들로 도로는 꽉 막혀 있었습니다. 마치 레미콘 트럭이 쏟아놓은 콘크리트가 쓸려 내려가듯이 그렇게 떠 밀려 돌아오는 동안 대형 트럭이 끼어들면서 오른쪽 사이드미러를 깨뜨렸고 교차로에서는 어떤 봉고차가 갑자기 달려들어 치고 지나가 굵고 요란한 흔적을 남겼습니다. 차는 이렇게 깨지고 흠이 많이 났지만 사람 다치지 않고 무사히 다녀온 것이 감사할 뿐입니다.

북인도의 겨울에는 안개가 많이 낍니다. 특히 갠지스강이 흐르는 주변 도로에는 밤낮없이 안개가 자욱합니다. 그러니 북인도 성탄절은 언제나 안개 낀 화이트 크리스마스입니다.

올해도 이렇게 화이트 크리스마스를 맞아 멀고 험한 북인도 순례의 길에서 한 해를 떠나보냅니다.

2018. 12. 26

인도의 미래

지난 1월 26일은 인도가 1950년 헌법을 제정 공포하고 공화국의 날(Republic day)로 정한 국가 공휴일이었습니다. 그날 델리 지역 4개 교회 청년들이 한자리에 모여 연합집회를 실시하였습니다.

인도 헌법의 기초를 만든 '암베드카르(Ambedkar)' 이야기를 했습니다. 암베드카르는 본래 불가촉천민 출신인데 불굴의 의지와 노력으로 독립된 인도의 초대 법무부장관을 지낸 인물로 힌두교의 우상성과 카스트제도의 불의함에 항거하여 십만여 명의 천민들과 함께 불교로 집단 개종한 사건으로 유명합니다.

"만일 그 당시 인도 교회와 그리스도인들이 깨어서 인도인들에게 복음의 빛을 비추고 있었다면 암베드카르는 불교가 아닌 기독교로 개종하였을 것이고 만일 그랬다면 인도의 역사는 획기적으로 변했을 것이고 엄청난 영적 혁명이 일어났을 것이다. 그런데 그때는 그 기회를 놓쳐버렸다. 그러니 오늘날 여러분 인도의 기독청년들이 깨어나 제2의 암베드카르가 되어 길을 찾는 인도의 수많은 청년들에게 복음의 빛을 비추어 영적 혁명의 누룩이 되라!"고 도전과 비전을 주었습니다. 그리고 2월 2일 토요일에는 아그라지역 5개 교회 청년들이 한자리에 모여 같은 주제로 집회를 했습니다.

이렇게 청년들이 연합집회를 통해 마음껏 찬양하고 여러 가지 프로그램을 통해 교제를 하면서 기독청년으로써의 정체성과 연대감을 굳게 하고 영적인 자신감을 갖게 되었습니다.

집회 후에는 풍성한 음식을 나누었는데 델리에서는 치킨 티카마살라(Chicken Tikka Masala)그리고 아그라 지역에서는 치킨 비리야니(Chicken Biryani)가 주메뉴였습니다. 특히 치킨 비리야니는 양념된 닭고기를 야채와 함께 넣어서 만드는 일종의 볶음밥으로 이렇게 중요한 행사가 있거나 큰 축제가 있을 때 어쩌다 맛볼 수 있는 음식이기도 합니다.

삼삼오오 둘러앉아 맛있게 그리고 행복하게 치킨 비리야니를 먹고 있는 우리 청년들의 모습을 바라볼 때 저는 배가 부르고 이 땅에 사는 행복과 보람을 느낍니다,

저들의 어깨에 인도의 미래가 달려 있습니다. 하나님께서 저들을 통하여 이 땅에 주님의 나라를 이루어 가시기를 기도합니다.

2019. 2. 10

샛별이 떠오르기까지

    지난주 사역자들을 재교육하는 시간을 가졌습니다. 감시와 핍박의 위험과 차별과 멸시의 눈초리를 견디며 참으로 어려운 현장에서 복음을 위해 목숨 걸고 수고하는 사역자들의 이야기를 듣고 격려하면서 아무리 어려워도 제자의 본질과 사명을 잃지 말자고 함께 다시 결단하였습니다. 제자로서의 본질을 지키기 어려워 타협하려거든 차라리 시장에 나가서 장사를 하자고 했습니다. 이렇게 함께 모여 말씀으로 무장하고 뜨겁게 기도할 때는 믿음으로 모든 것이 다 가능할 것처럼 충만하지만 흩어져 각자의 사역 현장으로 돌아가면 여전히 가난하고 힘든 현실

과 눈물겨운 씨름을 하며 살아가야 하는 제자들의 형편을 주님께 맡기는 길밖에 없습니다. 아무리 생각을 해 보아도 또 이리저리 찾아보아도 더 좋은 길 더 쉬운 길은 보이지 않습니다.

이제 곧 사순절이 시작이 됩니다. 외롭게 십자가를 향하여 나아가신 주님을 묵상하며 주님 가신 그 길을 북인도에서 한 걸음 한 걸음 걸어갑니다.

요즘 새벽녘에 눈을 뜨면 동쪽으로 난 창으로 샛별이 보입니다. 내가 잠들어 있는 동안에도 밤새워 어두운 세상을 지켜준 샛별에게 감사하면서 날이 새어 내 마음에도 샛별이 떠오르기까지 무릎을 꿇습니다.

2019. 3. 2

갈수록 낯설어지는 길

인도는 땅이 넓은 나라인 것을 사역지를 다닐 때마다 경험한다. 대한민국의 33배라고 하니 복음을 전하고 말씀을 가르치러 다니는 길이 매번 멀고 험할 수밖에 없다.

또한 인도는 인종과 언어와 문화가 다양한 나라인 것을 생활 속에서 느낀다. 인도에서 살아가는 세월이 늘어 가면 갈수록 익숙해지는 것이 아니라 오히려 낯설게 여겨지고 부담스럽게 다가오는 것들이 많다. 처음 몇 년은 언어를 배우며 적응하느라 여러 가지 다름과 문화적 차이로 인한 충격이 훨씬 컸지만 당연히 배우고 극복해야 할 과제로 여겨졌기에 그 차이로 인한 충격들은 오히려 삶을 치열하게 살게 하는 원동력이 되었다. 어느 정도 언어 소통이 가능하게 되었을 때는 사역들을 개척하느라 밤낮이 어떻게 지나가는지 세월이 어떻게 흘렀는지 모르고 지났다. 문화적 차이나 불편함 그리고 가족들이 겪고 있는 어려움은 사역에 대한 우선순위에 밀려나 잘 보이지도 않았고 고려 대상이 되지 못했다.

그런데 이제 언어소통에는 큰 문제가 없고 사역은 개척이 되어 조금씩 성장을 하고 있는데 그동안 작아 보이던 차이가 태산같이 보이고 사소한 문제들이 큰 문제로 대두되기 시작한다.

멀리서 희미하게 보이던 낮은 언덕이 이제 가까이 와보니 가파른 절벽 험산준령이다. 안개와 구름에 가려서 언뜻 언뜻 바라보일 때는 그저 바짓가랑이 걷어붙이면 맨발로 건널 수 있는 개울 정도로 여겼는데 막상 와 보니 망망대해라.

인도 생활 14년째이지만 여전히 적응해야 할 크고 작은 일들이 매일 새롭게 등장을 한다. 신분도 드러낼 수 없는 나그네로 살아가는 하루하루를 오늘이 마지막 기회라는 질박함으로 행동하고 조심조심 한 걸음씩 땅을 새롭게 밟으며 살아간다.

새벽에 길을 나설 때마다 여전히 두렵고 떨리는 마음으로 "오직 우리의 시민권은 하늘에 있는지라"는 말씀을 기억하고 나의 생명을 주님께 맡기며 출발을 한다.

사순절 세 번째 주일을 지나 십자가를 향하여 나아가는 요즘 해 뜨는 시간이 빨라지고 있다. 오늘도 변함없이 나를 위해 어두운 밤을 지키던 샛별은 해 뜨는 시간에 맞추어 어찌 그리도 정확하게 사라져 가는지 눈물이 난다.

샛별이신 예수 그리스도의 빛이 이 땅을 비추고 나그네 길을 비추어 주시기를 바라며 길을 나선다.

2019. 3. 10

히말라야 베이스캠프

　북인도 선교의 마지막 고지는 히말라야이다.

　북인도의 히말라야 지역은 지리적으로 고립되어 접근하기가 어려울뿐더러 문화, 종교적으로도 배타성이 강하기 때문에 외국인이 직접 다가가기는 맨손으로 히말라야 빙벽을 오르는 것보다 더 어렵다. 인도인일지라도 같은 지역의 방언을 쓰는 같은 종족이 아니면 접근하여 접촉점을 만들기가 쉽지 않다.

　히말라야 높은 봉우리들을 등반하기 위하여 베이스캠프가 필요하듯이 히말라야 지역 선교를 위해서는 해당 지역 출신의 사역자가 운영하는 베이스캠프가 필요하다.

　히말라야 선교의 베이스캠프가 2곳 지역에 개척 중이다.

　그중에 한 곳이 난다데비(해발 7,817m)를 중심으로 하는 가르왈 히말라야(Garhwal Himalaya)이다. 이 지역은 갠지스강의 발원지이기에 힌두교 성지들이 몰려있어서 거룩한 땅으로 불리며 수많은 힌두교인들이 전국에서 성지순례를 오는 지역이다.

　이 지역으로 들어가는 중앙 관문으로 마지막 기차역이 있는 카드고담에 첫 번째 베이스캠프를 개척하였다. 회사를 설립하여 게스트하우스 용도로 건물 2동을 임대하여 게스트하우스 겸 바이블스쿨을 운영하면서 전도자를 훈련하여 출신 지역으로 파송하는 사역을 진행하던 중 건물 주인이 경찰에 신고를 하는 바람에 급하게 문을 닫고 현재는 S.J 아쉬람(수양관) 근처 제2의 장소로 옮겨 현지 사역자 중심으로 베이스캠프를 운영 중이다. 이곳 베이스캠프에서 훈련받은 가르왈지역 출신 사역자들을 더 깊숙이 파송하고 있다. P지역에서는 자동차 타이어 수리점을, R지역에서는 어린이 공부방을 운영하였는데 공부방을 감시하던 힌두교 요원들의 방해로 결국 문을 닫아야 했다. 이렇게 같은 지역 방언을 쓰는 같은 종족 사역자라도 사역을 개척하기가 쉽지 않다.

거듭되는 실패의 아픔을 딛고 다시 해산의 수고를 하고 있다. 난다데비 근접 도시에서 태어나 거기에서 자기 사업을 하는 청년 D에게 복음을 전하여 전도자로 양육하는 중이다. 처음 만났을 때 총각이던 D는 결혼을 하여 아르후시라는 예쁜 딸을 가진 아빠가 되었다.

언제쯤 D가 회심을 하고 전도자로 일을 하게 될지 알 수 없다. 처음에는 옥토처럼 보이더니 지금은 이웃 친척들의 핍박과 여러 가지 주변 환경의 악화로 인해 가시떨기, 돌무더기 밭으로 변해 있다. 그래도 계속 쟁기질을 하면 다시 옥토가 되어 열매를 맺게되리라는 소망을 포기하지 않는다. D를 통하여서 아니 될지라도 딸 아르후시를 통하여 언젠가 가르왈 히말라야 지역이 옥토가 되고 젖과 꿀이 흐르는 거룩한 땅이 될 것을 믿고 잡은 쟁기를 놓지 않는다.

우상과의 전쟁 선포

지난 1월부터 3월까지 뉴델리 미뜨르교회를 시작으로 아그라와 비하르 그리고 펀잡 지방의 사역지를 순회하면서 사경회를 실시하였습니다.

특별히 이번 사경회에서는 우상과의 영적 전투를 선포하였습니다. 강력한 힌두교의 전통과 문화 속에서 태어나서 자라난 인도인들에게 우상숭배는 아주 자연스러운 삶의 일부분입니다. 집집마다 여러 개의 우상이 모셔져 있고 수시로 우상 앞에 향을 피우고 제물을 바치며 절을 합니다. 골목마다 거리마다 있는 신전에는 말할 것도 없고 주택가의 나무 밑이나 바위 등에도 각양각색의 우상이 안치되어 있어 지나가다가도 우상만 보이면 합장을 하거나 절을 하고서 지나갑니다. 이러한 우상숭배의 미신적 관습과 문화는 마치 호흡하는 공기와 같습니다. 오염된 공기가 건강을 해치듯이 우상숭배는 인간의 영혼과 정신을 어둡게 만들고 양심을 무디어지게 합니다.

그동안에는 성도들에게 우상숭배가 하나님께서 가장 싫어하시는 죄임을 성경을 통해 가르치면서 어느 정도 믿음이 성장한 후에 스스로 우상숭배를 중단하기를 기다려 왔습니다. 특히 집안에 안치되어 있는 우상을 제거하라고 요구하는 것은 여러 가지 위험을 감수해야 하는 일이기에 아주 예민한 문제였습니다. 우상숭배가 너무나 자연스러운 저들의 삶이 되어 있는 현실 상황에서 우상을 갑자기 제거하고 우상숭배를 중단하는 것은 분명한 개종의 행위로 금방 드러나기 때문입니다. 그래서 자신들의 믿음이 자라서 스스로 깨닫고 우상을 제거하기를 기다려 왔던 것입니다. 그리고 우상숭배를 중단하라고 보다 강하게 직접적으로 말하는 것이 조심스러웠던 다른 이유는 저들에게 개종을 강요하는 외국인 선교사로 알려져 고발을 당하면 법적 제재를 받고 추방당할 수도 있기 때문입니다. 그런데 여러 해가 지나도 여전히 힌두교의 우상들이 제거되지 않고 몇몇 성도들의 집안 한쪽 구석에 방치되어 있는 것입니다. 이렇게 계속 둘 경우 신앙의 어려움이 생겼을 때 보이는 힌두교신을 다시 바라보게 되고 힌두교로 되돌아갈 유혹거리가 된다는 것이 문제입니다. 따라서 이제는 좀 더 강한 도전과 결단이 필요하다는 생각을 하게 되었습니다.

무엇보다도 우상숭배 문제에 대하여 새롭게 도전을 주고 긴급하게 결단을 요구하기로 한 결정적 계기는 힌두 정권이 범정부 차원에서 곳곳에 대형 우상을 세우고 대대적이고 공개적으로 우상숭배를 강요하고 있기 때문입니다. 이를 보고도 문제 제기를 하지 않고 그냥 넘어가면 우상숭배를 용인하는 것처럼 이해시키는 간접 학습효과가 일어날 것이고 이후에는 우상 문제를 제대로 가르치기가 더 어려워질 것입니다.

그래서 이번 사경회에서 십계명을 통해 우상숭배가 하나님께 나아가는 길에 가장 큰 걸림돌이고 영적 성장을 좀먹는 독소임을 확인시켜 주고 인도의 가장 큰 문제는 우상숭배와 카스트제도임을 가르쳤습니다. 우상숭배는 카스트제도의 불의함을 가리기 위해 백성들을 영적으로 눈을 멀게 하는 기만행위에 지나지 않음을 이해시켰습니다. 그러니 이제는 우상을 제거하고 우상 앞에 제물을 바치고 절하는 행동을 과감하게 중단하라고 선포하였습니다.

뜻밖에도 성도들은 무거운 짐을 벗은 듯 기뻐하며 결단을 하였습니다. 그동안 나 혼자 선입관을 가지고 지나치게 조심하면서 불필요한 안전망을 치고 그 속에 갇혀 있었던 것입니다.

사경회가 끝나는 날까지 모두 열심히 참여하여 십자가 은혜와 성령의 은사를 봄비처럼 흡족히 받고 사모사(튀김 만두) 잔치를 하며 사경회를 마칠 수 있었습니다.

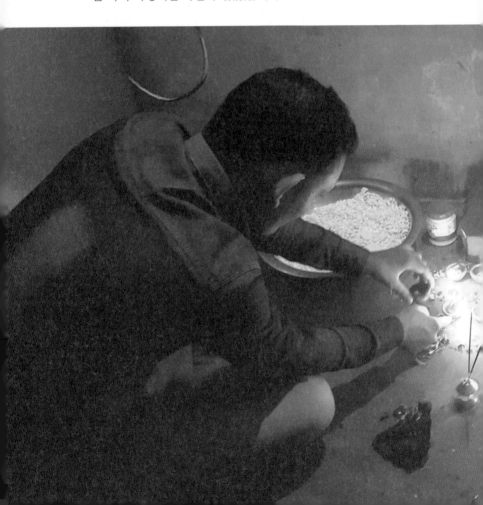

지금 인도의 우리 성도들은 가정에서 그리고 지역사회 속에서 공개적으로 우상과의 치열한 영적 싸움을 하고 있습니다. 보다 노골적인 핍박이 일어 날것입니다. 여러 가지 갈등과 아픔이 예상됩니다.

이렇게 인도의 교회와 성도들은 조금씩 변화하고 성장하고 있습니다.

2019. 4. 19

우상과의 단절, 언제 결단할까?

힌두교인이 복음을 받아들이고 신앙생활을 계속하기 위해서는 그동안 섬기던 모든 힌두교 우상들을 버리고 하나님만 섬기기로 선택하고 결단하는 행동이 필요하다. 그런데 그 결단의 때를 언제로 할 것인가를 결정하는 것은 신앙의 성패를 좌우할 만큼 중요한 문제이다.

이것은 마치 모판에서 모종을 밭으로 옮겨 심는 이식의 과정과 흡사하여 너무 일러도 안 되고 너무 늦어도 낭패를 보기 쉽다. 너무 빠르면 어린 모종의 연약한 뿌리가 새로운 땅에 뿌리내리기가 어렵고 또한 이식 과정에 일시적으로 많은 영양분이 필요한데 작은 새싹 이파리가 스스로 광합성 작용을 통하여 필요한 영양을 공급할 수 없어 몸살을 앓다가 결국 말라버린다.

그렇다고 너무 늦어도 안 된다. 이식의 때를 놓쳐버리면 이미 모종의 잔뿌리가 많이 나와 굳어져 있어서 옮겨 심게 되면 그 많은 잔뿌리들이 끊어지는 충격을 이기지 못한다. 그리고 굵어진 줄기와 많아진 가지들을 감당하지 못하여 곧 시들어 버린다.

힌두교인이 기독교인이 되는 과정도 마찬가지이다. 자기 믿음이 생기기 전에 너무 빨리 우상 숭배를 중단하고 우상을 제거할 것을 요구받으면 자신의 뿌리가 뽑히는 충격을 스스로 견디지 못할 뿐 아니라 주변의 핍박을 감당하지 못하여 넘어지고 만다. 반대로 기독교 신앙을 받아들이고 구원의 진리를 맛본 성도가 과거의 우상숭배 습관을 버리지 못하거나 적극적 우상숭배는 아니더라도 그 우상을 자신의 주변에서 없이 하지 못하고 있으면 신앙으로 인하여 어려움이 오거나 믿음이 조금 약해지면 다시 쉽게 우상에게 돌아갈 유혹이 되는 것이다. 그리고 너무 늦게 우상과의 단절을 결단하려고 하면 이식의 적기를 놓쳐 웃자라버린 모종처럼 너무 많이 자란 잔뿌리들이 잘려나갈 충격이 두려워 포기하게 된다. 즉 적기에 우상과의 단절을 결단하지 못하면 언제든지 뒤돌아갈 수 있는 퇴로를 열어두는 것이다. 여러 가지 사정상 이해해 주고 가문과 이웃들과의 관계 등 주변 환경을 지나치게 고려하다가 결단의 때를 놓쳐 버렸을 때 가정의 갈등이 생기자 친척들의 압박을 견디지 못하고 디발리(Diwali)라는 힌두교 큰 축제날을 맞아 다시 우상 앞에 제사를 차리는 한 성도 가정의 경우를 지켜보면서 정말 창자가 끊어지는 아픔을 맛보아야 했다.

그러면 언제가 우상과의 단절을 결단할 수 있는 가장 접합한 때인가? 여호수아는 요단강을 건너 온 이스라엘 백성들에게 강 저편에서 조상들이 섬기던 신들 혹은 가나안 원주민들이 섬기는 신들을 섬길 것인지 아니면 다 버리고 여호와 하나님만 섬길 것인지 선택하고 결단하라고 요구했다.

때는 요단강을 건너 약속의 땅에 들어온 이후이고 낯설고 새로운 땅 가나안에 정착하여 우상숭배가 자연스럽고 익숙해지기 이전이었다. 요단강을 건너기 전은 너무 빠르고 가나안에 정착해 버리면 이미 늦은 것이다. 개인의 신앙성장 속도에 따라 그리고 주변 환경과 상황에 맞게 때와 기회를 만들어야 하는데 깨어 있지 않으면 그때를 알기 어렵고 또 용기를 내지 않

으면 그때를 잡기가 쉽지 않다. 너무 서둘러서도 안 되고 그렇
다고 너무 늦어도 안 된다.

　우상으로부터 돌아서게 하고 우상 숭배하던 과거와 단절하
게 하는 것은 큰 충격과 아픔을 감수해야 하는 쉽지 않은 일이

다. 그렇다고 때를 놓치면 해산의 수고를 통해 얻은 성도를 다시 우상 신에게 빼앗기고 가슴을 치는 아픔과 땀 흘려 농사지은 포도나무 열매가 수확도 못하고 땅에 떨어져 버리는 패배의 쓴맛을 동시에 겪어야 한다.

인도는 어디로 가고 있는가?

인도는 다양성의 나라이다. 부족과 종교와 문화 그리고 언어가 참으로 다양하다. 이러한 다양성 속에서 갈등과 분쟁을 극복하고 평화와 조화를 이룰 수 있었던 것은 자와할랄 네루 (Jawaharlal Nehru, 1889-1964)가 독립 후 17년간 총리를 지내면서 민주주의·사회주의·통일·비종교주의라고 하는 4대 정책 기조를 체계화하여 인도 정치의 근간을 세웠고 그 이념과 정책을 계승하는 정치세력과 그것을 지지하는 국민들이 합의가 있었기 때문이다. 특히 비종교주의 혹은 세속주의(Secularism)는 정치와 종교를 분리하는 원칙을 지키며 절대 다수인 힌두교에 의해 편향되지 않고 타 종교를 허용하는 일종의 종교적 자유와 양심의 자유를 위한 장치이자 합의였다. 이러한 정치이념과 합의가 종교 간 갈등과 긴장을 해소하고 평화를 유지할 수 있게 하는 근거가 되었다.

그런데 최근 들어 이러한 세속주의 이념과 전통을 부정하고 힌두교 민족주의로 전환하려는 움직임이 여러 분야에서 일어나고 있다. 대표적인 사례가 아요다(Ayodhya) 사건이다. 아요다는 금관가야의 김수로왕의 부인 허황옥의 출신 지역으로 알려진 곳이다. 이 전설을 바탕으로 한국과 인도 간의 문화교류가 활발하게 진행되기도 했다.

1528년 인도를 점령한 이슬람 세력이 무굴제국을 건설하고 아요다에 이슬람 사원을 건축하였다. 그런데 문제는 이곳이 힌두교의 중요 신중의 하나인 라마(Rama)의 탄생지라고 힌두교에서 주장하면서 아요다 사원의 정통성과 소유권에 대한 갈등은 시작이 되었다.

그러다가 1992년 힌두 단체들 폭동을 일으켜 이슬람 사원 파괴하고 2,000명 이상 사망하는 사건이 벌어졌으나 폭동에 대한 조사나 책임자 처벌은 제대로 이루어지지 않고 갈등은 증폭되었다.

이러한 갈등을 해결하기 위한 방편으로 2010년 관할 지방 대법원에서 조정안을 내놓았다. 분쟁지역 부지를 3등분으로 분할하여 2부분은 힌두교 단체에 그리고 1부분은 이슬람 단체가 관할하도록 판결하였는데 양측 모두 수용하지 않고 중앙 최고법원에 상고하였다. 결국 지난 2019년 11월 최고법원에서 최종 판결을 내렸다. 분쟁지역의 모든 권한은 힌두교 측에 넘겨 힌두사원을 건축하도록 하고 이슬람 단체에게는 대체부지 제공하여 다른 장소에 사원을 건축하도록 했다. 오랫동안 이어져 온 양 종교 간 정통성 싸움에서 일단 힌두교가 이긴 것이다. 이러한 결과는 6년 전 힌두교 극우 민족주의 정당이 집권할 때 이미 예견되었다. 왜냐하면 현 집권당의 모체가 바로 아요다를 힌두교의 성지로 탈환할 것을 중요 목표로 활동했던 단체였기 때문이다. 그리고 2019년 5월 실시된 총선거에서 압도적인 득표로 재집권에 성공한 집권당은 자신들의 종교적 정치적 목적을 이루고 힌두교 민족주의 국가를 완성하기 위하여 일사천리로 법을 개정하거나 필요한 법령을 새롭게 만들어 가고 있다. 이를 위하여 사전에 대법원 주요 요직을 힌두단체가 지원하는 인사들로 채웠다.

현재 아요다에 라마신의 사원을 짓기 위한 홍보와 모금활동이 대대적으로 펼쳐지고 있으며 동시에 힌두교의 종교성과 문화를 확장하고 힌두교 전통을 복구하기 위한 여러 정책들이 진행되고 있다. 힌두교 극우단체의 목적 그대로 힌두신의 영광을 온 세계에 드러내기 위해 인도의 역사를 거꾸로 되돌리고 있다. 저들은 이것을 홈커밍 프로젝트(Home coming project)라 부르며 타 종교를 완전히 괴멸시켜야 한다고 주장하기도 한다.

아요다에 있는 이슬람 사원을 파괴하고 그 자리에 힌두교 사원을 건축하도록 한 최고법원의 판결이 의미하는 바는 단순히 이슬람교와 힌두교 간의 땅을 차지하기 위한 소유권 분쟁에 관한 것이 아니라 현재 인도가 어떤 방향으로 나아가고 있는지를 분명하게 보여주는 것이다.

"자예 힌드"(Jai Hind) 인도에게 승리를!
"힌두 신의 영광을 위하여!" 외치며 북을 두드리고 있다.
그 북소리가 인도 대륙을 뒤흔들고 있다.

타종교로 오염된 인도를 거룩한 힌두의 땅 힌두스탄(Hindustan)으로 회복시켜야 한다며 신 앞에 피워대는 향 연기가 하늘에 가득하다.

부득불 할 일

내가 복음을 전할지라도 자랑할 것이 없음은 내가 부득불 할 일임이라 만일 복음을 전하지 아니하면 내게 화가 있을 것이로다. (고전 9:16)

"복음을 위해 태어났고, 복음을 위해 살고 있고, 복음을 위해 죽을 것이다." 즉 "다른 길은 없다"는 것이다. 비장하고도 처연하다.

부득불 할 일이니
언제든지 해야 한다.
슬퍼도, 괴로워도, 배고파도, 아파도,
외로워도, 혼자라도 해야 한다.

부득불 할 일이니
때로는 원치 않아도 해야 한다.
어딘가는 가기 싫어도 가야 하고
누군가는 정말 만나고 싶지 않아도 만나야 한다.

한 번쯤은 꼭 피하고 싶은 순간이 다가와도 막상 닥치면 피하지 못하고 도살장으로 끌려가는 양같이 끌려서라도 가야 한다.

"만일 복음을 전하지 아니하면 화가 있을 것이다."
도무지 외면할 수 없는 부르심의 소리,
벗을 수 없는 십자가다.

부득불 할 일이니
누구에게 자랑할 것도 없고
누군가 알아주기를 바랄 것도 없다.

부득불 할 일이니
무엇 때문에 노심초사할 것도 없다.

입에 망 쓰고 쟁기 끄는 소처럼
가라는 대로 가면 된다. 서라면 서면 된다.

부득불 할 일이니
서운할 것도 원망할 것도 없다.
염려할 것도 없고 낙심할 것도 없다,

부득불 할 일이니
거역하지 말 것이라.
포기하지 말 것이라.

부득불 할 일이니
기쁨으로 할 일이다.
감사함으로 할 일이다.

눈물이 얼어붙은 땅 카쉬미르

지난 2월 14일 파키스탄과 접경 지역인 카쉬미르 지역에서 자살폭탄 테러로 인하여 경찰 41명이 사망하는 불행한 사건이 있었습니다. 인도 당국에서는 이 테러의 배후에 파키스탄 세력이 있다고 주장하면서 전투기로 파키스탄에 폭탄을 투하하며 공격을 개시하였고 파키스탄이 이에 맞대응하면서 공중전이 벌어졌습니다.

이 과정에서 인도의 전투기가 파키스탄 지역에 격추되고 조종사가 생포되었습니다. 이에 양국 간의 긴장이 고조되어 핵 전쟁의 위기까지 감돌기도 했습니다. 다행히 어제 파키스탄에서 인도 조종사를 돌려보냄으로 일단 고비는 넘겼습니다.

1947년 인도가 영국으로부터 독립될 때 이슬람교와 힌두교의 종교분쟁으로 인하여 인도와 파키스탄이 분리되는 과정에서부터 이슬람교도가 다수인 카쉬미르 지역은 분쟁의 불씨가 되었고 끊임없이 크고 작은 유혈 충돌이 벌어지고 있는 상황입니다. 지리적으로는 인도의 영토이지만 정서적으로 종교적으로는 파키스탄에 가까운 이중적 삶을 살고 있습니다.

이러한 분쟁과 위기 상황은 5월 총선 국면에서 집권당인 힌두 민족주의 정당의 재집권을 위한 선거 전략으로 이용되었습니다. 재집권에 성공한 이후에는 분쟁과 갈등을 해결하고 통일된 하나의 인도를 위하여 필요하다는 명분하에 이 지역 주민들에게 주어진 헌법상의 특별 지위법(Article370)을 폐지함으로 새로운 갈등의 요인이 되고 있습니다.

이 지역은 눈 덮인 히말라야가 사방으로 병풍처럼 둘러쳐져 있고 도시 한가운데 커다란 호수가 있어 호수에 비치는 히말라야가 더욱 아름답게 보이는 곳입니다.

그러나 이렇게 아름다운 카쉬미르에 살고 있는 대다수의 이슬람 사람들의 눈에는 눈물이 마를 날이 없습니다. 오랜 세월 그들이 흘린 눈물이 호수에 고여 얼어붙어 있습니다.

이제는 그들의 눈에서 눈물이 마르고 꽁꽁 얼어붙은 호수가 녹아 히말라야 언덕까지 튤립이 피어나는 봄이 오기를 기다리고 있습니다.

이 백성들이 더 이상 희생당하지 않고 평화를 누리며 살 수 있도록 기도해 주시기를 바랍니다.

2019. 12. 15

조급함

조급함에 선악과를 따 먹었다.
먹을 것이 부족하여 조급한가?
아니다.
믿음의 부족하니 조급하다.

조급함에 바벨탑을 쌓았다.
시간이 부족하여 조급한가?
아니다.
교만하니 조급하다.
조급하니 무너진다.

조급함에 금송아지를 만들었다.
보이지 않아 조급한가?
아니다.
보이지 않는 것을 믿지 못하니 조급하다.
조급함은 우상숭배다.

조급함에 눈이 멀고 귀먹어
벼랑 끝으로 끌려간다.

분실 강박증

언제부터인가 소지품들을 수시로 확인하는 버릇이 생겼다. 스마트폰, 여권, 면허증, 열쇠, 지갑 등 외출하고 돌아오면 이것들을 하나씩 꺼내어 확인을 해야 마음이 놓인다. 그중에 가장 신경이 쓰이는 것은 여권이다. 외출했다 집에 돌아와서 뿐 아니라 길을 가다가도 여권이 잘 있는지 때때로 확인을 한다. 여권은 외국인으로 살고 있는 나의 신분을 확인해 주는 신분증이다. 그러니 만일 여권을 분실하면 여권에 붙어 있는 비자까지 분실하게 되는 것이어서 상황이 복잡해진다. 여권과 비자를 재발급받는 과정도 복잡하고 많은 시간이 걸릴 뿐 아니라 그 과정에서 관련 기관에 나의 신분과 하는 일 그리고 체류 목적 등에 대하여 해명을 해야 하는데 간단한 일이 아니다. 생각만 해도 머리가 복잡해진다.

심신을 지치게 만드는 느리고 복잡한 행정처리 과정을 몇 차례 경험을 통해 알고 있기에 더욱 그렇다.

그래서 여권을 잃어버리지 않도록 잘 보관하고 챙겨야 한다는 생각은 거의 강박증이 되었다.

잃어버릴 것 없어, 걱정도 없는 삶으로 돌아가고 싶다.

은혜의 날개에 견인된 2019년

　오직 주의 은혜의 날개에 매달려 이끌려 살아온 한 해였다. 아내는 한국에서 암 투병을 계속해야 했고 나는 인도 사역지에서 해오던 일들을 중단할 수 없었다.

　이렇게 우리 부부는 함께 있어야 할 때에 함께하지 못하는 빈자리를 안타까워하고 서로의 필요와 도움을 채워주어야 할 때에 그럴 수 없는 상황을 아파하며 각각의 시간을 일 년 동안 보냈다. 아내는 남편이 가장 필요할 때에 남편 없이 견디어 내느라 몇 배로 더 외롭고 더 고통스러웠을 것이다. 아내가 외로

움을 견디어낸 시간에 사역은 계속될 수 있었고 아내가 몇 배로 힘든 고통들을 스스로 혼자서 극복해 준 덕분에 사역자들은 핍박의 역풍을 딛고 스스로 설 수 있는 자립의 발판을 만들수 있었다.

극복할 수 없을 것 같은 일들을 결국 극복하였고 감당할 수 없을 것 같았던 일들을 감당해 가고 있다. 나는 한국에서 아내 곁에도 있어야 했고 인도 사역지에도 함께해야만 했다.

돌아보니 이곳에도 저곳에도 나는 없었다. 어떻게 지내 왔는지 모르겠다. 오직 주님 은혜의 날개에 견인된 하루하루였다.

2019. 12. 31

나그네로 살고 있는 티벳인들

히말라야산맥이 내려와서 계곡을 만나는 히마찰 쁘라데쉬 주에 티벳인들이 모여 사는 마을들이 있습니다. 그중 카자-스 피티 지역에 팽모(Pangmo)라는 마을이 있습니다.

자동차를 수리해 가면서 가야 하고 그것도 날씨와 도로 사정 이 허락되지 않으면 접근할 수 없는 곳입니다. 그곳에서 척박 한 땅을 일구며 살아가는 이들에게도 천국 복음의 씨앗을 전하 기 위하여 방문하고 있습니다.

인도에 살고 있는 티벳 불교인들은 종교성이 강하다고 알려 진 대다수의 힌두교인들 보다 훨씬 더 강한 결속력과 종교성을 가지고 살아갑니다. 그 중심에는 그들의 종교적 정치적 지도자 인 달라이라마가 있습니다.

1950년 10월 7일 중국은 '삼백만 티벳 인민들을 해방시킨다'는 구실로 티벳을 침공했습니다. 티벳인들은 여러 가지 방법으로 중국의 간섭과 압박에 저항하다가 마침내는 1959년 4월에 달 라이 라마(제14대 텐진갸쵸)가 인도로 망명하게 되는데 이때 약 8만 5천 명의 티벳주민들도 그와 함께 인도 국경을 넘어 당시 인도 수상인 네루의 도움으로 히마찰 쁘라데쉬에 있는 다람샬 라에 망명정부를 세우고 오늘에 이르고 있습니다.

북인도 히말라야 산자락 마을에서 살고 있는 티벳인들은 불교적 신념에 따라 달라이 라마의 가르침대로 비폭력과 평화주의를 묵묵히 실천하며 연간 강수량이 600mm 정도 밖에 되지 않는 건조하고 척박한 땅에서 농사를 지으며 살아가고 있습니다. 언젠가는 자유를 찾고 그들의 고향인 독립 티벳으로 돌아가리라는 희망을 버리지 않고 있습니다.

그러한 희망을 품고 곰파라고 불리는 사원의 낮은 돌담 아래 앉아 햇볕을 받으며 경전을 읽고 있는 수도승의 평화로운 모습은 어떤 전투를 치루더라도 패배하지 않을 강한 전사처럼 보입니다. 고국을 빼앗기고 망명지 히말라야 산자락에서 소박하고 단순하게 살고 있는 이들에게 더 이상 잃을 것은 없어 보입니다. 그리고 지금의 삶에서 더 많은 것을 필요로 할 것 같지도 않습니다. 더 이상 잃을 것도 없고 그렇다고 더 얻겠다고 욕심을 부리거나 뛰어다니며 경쟁할 필요도 없는 명명자의 삶을 그저 단순하게 살고 있는 것입니다.

이들이 한번 복음을 듣고 자신들의 종교를 바꿀 가능성은 그렇게 많지 않아 보입니다. 지금 당장 그런 필요를 느낄 것 같지도 않습니다.

그러나 이들이 그들의 고국 티벳의 수도 라사(LASA)를 그리워하고 사모하는 마음에는 인간의 영원한 본향인 하나님 나라를 그리워하는 영혼의 갈망과 만나는 지점이 있을 것이라 느껴집니다. 이런 생각이 저를 저들에게로 끌리게 하고 험한 길에도 불구하고 산을 넘게 합니다.

밭에서 일하고 있는 농부들과 해가 기우는 줄도 모르고 대화하면서 황무지 같은 땅에서 농사를 지으며 살아가는 저들의 마음은 흙처럼 정직하고 하늘처럼 맑음을 보았습니다. 게스트하우스 주인 남카(Namka)와 마주 앉아 밤이 늦도록 조상 때부터 쌓인 한 서린 이야기를 들었습니다.

그저 들어 주었을 뿐인데 나보고 보통 여행객 같지는 않다고 창이라는 그 지역 술을 권하며 내가 누구인지 자꾸 묻습니다. 사양을 하는데도 자꾸 따라서는 자신이 혼자 마시며 나의 이야기를 듣고 싶어 합니다. 내가 누구인지 직접 밝힐 수는 없

었지만 나를 통하여 예수의 십자가가 느껴지고 하나님의 사랑이 전달되어 언젠가는 그 땅에 천국복음이 뿌려지기를 기도하며 돌아왔습니다.

낮은 돌담 아래 앉아 햇빛을 받으며 경전을 읽고 있던 수도승의 평화로운 모습은 애틋함으로 오래 기억에 남을 것 같습니다.

비

타는 대지의 가슴 그 간절함 만큼 비가 온다.
비는 내림이 아니라 오름이다.

목마른 그 깊이만큼 빨아들인다.
목마름 없는 비는 홍수다.

로탕패스 터널 (Rothang Pass, Atal Tunnel)

켈롱이라는 작은 도시가 있습니다. 그곳에 가기 위해서는 로
탕패스(해발 3,978m) 높은 산을 넘어야 합니다. 눈이 내리는 겨울
에는 길이 막혀 다닐 수 없고 5월 중순 이후 4개월 정도 한시적
으로 개방하는 날짜에만 허가를 받아야 갈 수 있는 곳입니다.

그곳에는 영국 식민통치 기간인 1930년 전후해서 독일 선교
사들이 드나들며 선교했던 흔적이 남아 있습니다. 선교사가 켈
롱에 들어왔을 때 거주했던 2층 목조건물이 색이 바랜 채로 언
덕에 우두커니 서있습니다. 사람의 기척은 없고 난간에 걸린 빨
래가 한쪽으로 밀려 바람에 흔들리고 있었습니다. 지금은 도로
보수공사 일을 하는 노동자들 몇 명이 거주하고 있다고 합니다.
그 지역 사람들이 들려주는 이야기로는 그 당시 선교사의 집안
일 해주는 딱 한 사람 전도를 했었는데 선교사가 철수하고 나서
다시 힌두교로 돌아갔다고 합니다.

독일 선교사들이 눈물을 흘리며 넘었던 그 험한 고개를 그동안
여러 가지 어려움과 위험한 일을 겪으며 때로는 잊지 못할 추억
을 만들며 오르내렸습니다. 그 로탕패스에 지난 10월 3일 9.2km
길이의 터널이 완공되어 이제 어렵지 않게 켈롱과 라훌(Rahul)에
갈 수 있게 되었습니다. 터널을 통과하여 가게 되면 5시간 정도
의 시간을 단축할 수 있다고 합니다. 복음 선교의 터널도 열려
지고 북인도 히말라야 지역 선교도 앞당겨지기를 기도합니다.

자동차 바퀴도 잡아주시는 주님의 손

　히말라야산맥 남서쪽 카자 스피티 지역 방문 3일째 되는 날이었다. 카자(Kaza)에서 자동차 기름을 채워야 하는데 주유소 급유기가 고장 나는 바람에 고치느라고 반나절을 기다렸다가 그 지역 수도인 쉼라 향하여 출발하였다. 해발 3,500m에서 5,000m 되는 높고 험한 고개를 몇 개 넘었다. 가파른 절벽을 깎아 도로를 내었기에 한쪽은 아찔한 낭떠러지이다.

　높은 고개를 넘어 가파른 내리막길을 한참 내려가고 있을 때였다. 차가 한쪽으로 기울고 쏠리는 현상이 일어났다. 앞바퀴 타이어 한쪽이 터진 줄 알고 차를 세우고 확인해 보니 타이어가 터진 것이 아니고 왼쪽 앞바퀴 자체가 기울어져 있다. 차축과 바퀴를 연결하는 부분이 깨져서 갈라진 것이다. 곧 차가 주저앉을 수 있는 심각한 문제가 생긴 것이다. 깊은 산 한가운데이고 곧 해가 넘어갈 시간이다.

　마을이 나올 때까지 갈 수 있는 만큼 최대한 가보는 수밖에 다른 선택의 여지는 없다. 조심조심 그러나 어두워지고 있기에 너무 느리지 않게 운전해 갔다. 식은땀이 온몸을 적신다. 어떻게 왔는지 모르게 한참을 지나왔다. 평지가 나오더니 드디어 건물이 보인다. 일단 그곳까지만 가면 될 것 같았다. 눈에 보이는 마지막 남은 길을 한 발짝 두 발짝 걸음마 하듯이 나아갔다.

　건물 입구까지 와서 차가 멈추어 섰다. 사람들이 다가왔다.

그들이 먼저 차를 보더니 놀란다. 바퀴가 완전히 기울어 넘어가기 직전이다. 그들이 말을 걸어온다.

"이 차로 어떻게 여기까지 왔냐?" 나는 그저 고개만 끄덕거렸다. 겨우 정신을 차리고 보니 도착해 있는 곳은 히말라야 산악도로 보수공사 차량 정비 공장인 것이다. 거기에 지금 나에게 필요한 모든 것이 다 준비되어 있었다. 자초지종을 이야기하고 도움을 청했다. 자기들 작업차량만 수리해 준다고 하면서 거절한다. 현장 관리 책임자를 찾아갔다. 이상하게도 그는 내가 한국인인 것을 한눈에 알아본다. 그러고는 다른 말없이 직원들에게 차를 고쳐주라고 명령을 내린다. 차량정비 기술자 몇 명이 도구들을 챙겨들고 나타났다. 자동차를 들어 올리더니 문제의 바퀴 쪽을 살핀다. 손으로 바퀴를 잡더니 뚝 하고 떼어낸다. 그야말로 바퀴가 떨어져 나가기 직전에 예비하신 그곳에 정확하게 멈추어 서게 하신 것이다. 작업을 하면서 반복해서 말한다. "당신의 신이 당신을 살렸다." 그들은 내가 누구인지 모른다. 그러나 나와 함께 하는 하나님께서 하신 일을 보고 하나님을 알아보는 것이다. 부러진 바퀴 연결 부분 잔해를 말끔히 긁어내고 다시 차축에 용접을 해서 붙였다. 용접 부분이 굳을 때까지 기다렸다가 시험운전을 해 보란다. 반듯하게 가볍게 앞으로 나아간다. 12년 전 차를 구입하고 열쇠를 넘겨받아 처음 이 차를 운전할 그때보다 더 감사하고 감격스럽다.

차를 고쳐준 기술자들과 현장 책임자에게 감사를 전하며 축복하고 다시 길을 나섰다. 조심해서 잘 가라고 이제는 괜찮을 것이라고 손을 흔든다.

"필으밀렝게!(다시 만나자)" 또 오라고 한다.
그들이 함께 외치는 소리가 계속 따라온다.

"당신의 신이 당신을 살렸소."

하나님은 나의 자동차 바퀴만 붙잡아주시는 것이 아니라 나의 삶의 바퀴 모두를 붙잡고 계신다.

인도의 길

인도의 길은 멀고 험하다.
가깝고 쉬운 길은 없다.

인도의 길에는 고대와 미래가 같이 흐른다.
우마차가 하이브리드차를 추월한다.

인도의 길은 좁고 가득하다.
움직이는 것은 다 다닌다.
그래도 막힘없이 물처럼 흐른다.

차선은 차들이 그리고
신호등은 전기가 지킨다.
클러치보다 무릎이 먼저 고장 나고
엔진보다 머리가 과열된다.

카스트 신분이 교통법규이고
뻔뻔함이 면허증이다.
가속 페달은 책임보험이고
브레이크 페달이 생명보험이다.

인치바이인치(inch by inch)는 운전 경력이고

시동을 걸 때마다 초보운전이다.
표지판은 무시당하여 쓰러져 있고
보이는 글자는 찌그러진 "끄리빠야(제발)"뿐이다.

교차로에선 소와 사람이 교차한다.
소는 거만하게 누워있고
사람은 모서리로 밀려나 설 곳도 없다.

양심은 새치기에 묻히고 직진은 유턴에 막힌다.
양보는 겁쟁이고 칼치기는 능숙함이다.

역주행 하는 자가 번쩍번쩍 당당하고
목숨 하나인 자는 져준다.

인도의 길은 목숨을 걸어야 갈 수 있다.

오늘 부활

어둠이 완전히 사라진 것은 아닙니다.
아직도 어둑 어둑합니다.
그러나 천지를 뒤덮은 칠흑 같은 어둠
한 번에 사르는 천둥소리를 들었기에
오늘 깨어 일어섭니다.

죄의 발꿈치가 종아리를 무겁게 잡아당깁니다.
거짓과 위선의 미세먼지가 폐를 지나
심장까지 충만하게 채웁니다.
그러나 십자가를 적시고 땅에 흐르는 붉은 피를 만졌기에
오늘 가쁜 숨 몰아쉬며 절뚝절뚝 걸을 수 있습니다.

지금이라고 두려움이 없는 것은 아닙니다.
나뭇가지 보다 더 자주 흔들리며
지나가는 구름이 해를 가릴 때마다 절망이 찾아옵니다.
그러나 그날 빈 무덤을 보았기에
오늘 노래할 수 있습니다.

다시 시작되는 핍박

지난 5월 총선에서 BJP(비제이피) 힌두교 민족주의 정당이 재집권에 성공했다. 이와 동시에 힌두교 단체들이 보란 듯이 활개를 치며 교회와 성도들을 핍박하고 있다.

아그라에 두 번째로 개척한 제2교회에 지난 주일(7월 21일) 예배시간에 바즈랑 달이라는 힌두교 과격단체 요원들이 몰려와서는 힌두교인들을 기독교로 불법 개종 시키고 있다며 생트집을 잡고 협박하며 예배를 방해하는 소동이 벌어졌다. 예배당으로 사용하고 있는 건물 주인에게 더 이상 교회에 장소를 임대하지 못하도록 협박하고 교회 문에 자물쇠를 걸어서 폐쇄시켜 버렸다. 이러한 일을 이전에도 겪었기에 성도들은 흔들리지 않고 담담하게 대처하고 있다. 아그라가 속한 우따르쁘라데쉬(UP)주 주지사가 힌두교 과격단체 대표 출신 삭발한 승려이다. 그는 자기의 임기 동안 힌두교의 전통과 문화를 복원시키고 융성케 하려는 목표를 완성하기 위해 각종 정책을 펼치고 법령들을 고쳐가며 타 종교를 압박하고 있다.

그러한 와중에 최근 강력한 성령의 역사로 믿는 이들의 수가 늘어나 활발하게 성장하고 있는 교회가 그들의 감시망에 들어온 것이다. 그러다가 상황을 더 이상 보고 있을 수 없어 주일예배시간에 난입하여 작전을 벌인 것이다.

　당장 돌아오는 주일부터 대체 장소를 찾아서 예배를 드려야 하는 상황이 되었다.

　성도들에게 "저들이 강제로 우리의 교회를 폐쇄시켰지만 결코 우리의 믿음은 폐쇄시킬 수 없고 우리의 예배를 방해하고 있으나 결단코 성령의 역사는 방해하거나 막을 수 없다"고 격려하고 있다.

　성도들이 다시 시작된 핍박과 시련을 넉넉히 이겨내고 오히려 믿음이 더욱 강해지고 성장할 수 있도록 성령의 도우심을 기도한다.

시온을 기억하며 울었도다 (시편 137:1)

아그라 제2교회는 예배당을 빼앗기고 두 달간 성도들의 가정집을 돌아가며 예배를 드렸다. 그러나 집들이 그렇게 크지 않아 성도들이 한 번에 모여서 예배를 드릴 수가 없어 나누어 번갈아 가며 예배를 드렸다. 마땅한 예배처소를 마련하기 위해 여기저기 알아보고 찾아보았지만 교회에서 사용하겠다고 하면 모두 거절을 한다. 힌두교 단체에서 주변 이웃들에게 교회에게 건물을 임대하지 못하도록 단단히 협박을 해 놓았기 때문이다.

그러다가 거리가 좀 떨어진 주택단지에 교회로 사용할 수 있는 적당한 건물을 임대하게 되었다. 꼭 필요한 비품들을 들여놓고 예배를 준비하였다. 오랫동안 함께 모이지 못했던 성도들이 드디어 다 함께 모여 감사와 감격의 눈물 속에 예배를 드리게 된 것이다.

이렇게 감사와 기쁨 속에 예배를 드리지만 언제 또 예배당을 빼앗길지 모른다는 불안감 때문에 가능하면 외부에 노출되지 않도록 조심해야 했다. 그러나 이러한 조심도 무색하게 두 달도 넘기지 못하고 건물 주인은 당장 건물을 비우라고 통보를 해왔다. 지금은 성도들의 가정에서 예배를 드리는 중이다. 바벨론 포로 시기와 같은 때를 눈물로 보내고 있다. 언제 교회를 허락하시고 돌아가게 하실지 그리고 언제 다시 모든 성도들이 함께 모여 드리는 예배를 회복시켜 주실지 알 수 없다.

바벨론 여러 강변 버드나무에 수금을 걸어놓고 시온을 기억하며 울었던 이스라엘 백성들의 그 눈물이 아그라 타지마할 뒤로 흐르는 야무나(Yamuna) 강변에 넘치고 있다.

사역자과 성도들을 만나면 이제 뭐라고 위로할 말도 없어 그저 함께 손잡고 한참을 울 뿐이다. 이렇게 함께 울다 보면 다시 소망이 생기고 하나님의 위로와 사랑이 넘쳐흐른다.

영원할 것 같았던 바벨론이 무너졌듯이 현재 교회를 빼앗은 자들의 권력은 오래가지 못할 것이다. 떡으로 회유하고 폭력으로 핍박해도 성도들은 넘어가거나 뒤로 물러서지 않을 것이다. 오히려 점점 더 강해지고 있다. 우리 성도들은 이미 애굽과 같은 힌두교를 떠나 홍해를 건넜고 광야의 천막생활을 겪으면서 만나와 메추라기의 은혜를 맛보았기에 수많은 우상 앞에 절하는 노예로 절대 돌아가지는 않을 것이다.

선율 따라 춤추는 교회

UP 지역에 제자 수바흐짠드에 의해 개척된 C교회에서는 지난주일(2019년 9월 22일) 창립기념 예배를 드렸다. 그동안 힌두교 단체들에 의한 방해와 핍박이 몇 차례 있었지만 고비들을 잘 견디어내고 이제는 흔들리지 않을 만큼 성장하여 11주년을 맞이하게 되었다.

특히 음악과 찬양에 은사가 있는 사역자는 인도 전통 가락에 맞추어 찬양을 인도함으로 힌두교 선율과 문화에 적응된 이들이 큰 거부감 없이 예배에 참여하게 됨으로 교회가 조금씩 성장하여 왔다.

인도 교회에는 아직 예배 찬송이 체계적으로 정립되지 못했다. 영국 시대 세워진 주류 교회들은 서양 음계와 악보를 바탕으로 하는 전통적인 교회 찬송가들을 사용하기도 하지만 그 외 대다수의 교회들은 라가(Raga)라고 하는 인도 전통 선율에 맞추어 가사의 강약에 따라 중음 고음 저음으로 반복하는 형식의 찬송을 일반적으로 부르고 있다. 물론 여기에 체계화된 악보는 없지만 인도 전통악기인 돌락(Dholak)라는 북의 장단에 맞추어 잘도 부른다. 인도 음악은 고대 브라만교의 경전인 베다(Veda)와 힌두교 철학과 사상의 가르침을 노래한 산스크리트 서사시인 기따(V.G)를 암송하거나 노래할 때 형성된 음률에 기초를 두고 있는데 인도 교회에서는 이것을 우상숭배 음악이라고 수용하기를 꺼리는 경향도 있었다.

그러나 사역자 수바흐짠드는 오히려 과감하게 이러한 전통 가락과 음률을 적극적으로 교회음악과 찬송에 도입하고 활용을 하고 있다. 그러다 보니 노래와 춤을 좋아하는 인도인들의 관심을 모으고 교회 예배로 초대하는 아주 효과적인 전도방법이 된 것이다.

오늘도 성도들뿐 아니라 몇몇 힌두교 이웃들도 초대하여 흥겨운 저들의 가락에 맞추어 함께 찬송을 부르며 덩실덩실 춤을 춘다. 성도들과 힌두교 이웃들이 함께 어우러져 찬양을 하며 춤을 추니 하나님께서도 춤을 추실 것 같았다. 이렇게 북인도 끝에 있는 히말라야 마지막 마을에서 남인도 바닷가 땅 끝에 있는 깐야꾸마리(Kanyakumari)까지 모든 힌두스탄(Hindustan:인도) 백성들이 함께 춤추며 하나님을 찬양하는 날이 오리라 생각하니 가슴이 벅차오른다.

찬양과 춤이 끝나고 성령의 은혜로 촉촉해진 그들의 마음 밭에 "썩지 않고 더럽지 않고 쇠하지 아니하는 유업"이 하늘에 간직되어 있다는 말씀으로 소망의 씨앗을 심었다.

건물이 아니라 하나님 나라를 세우다

산제이는 라자스탄 출신으로 옷 장사를 하는 청년이었다. 가난한 가정 형편 때문에 학교를 다니지 못했다. 글을 읽고 쓸 줄 모르는 문맹이었다. 그러던 그가 주님을 만나 거듭나고 스스로 독학으로 힌디(인도어)를 깨치고 훈련을 받아 지금까지 UP지역 선교의 중심에 서서 기둥과 같은 역할을 충실하게 감당 해 내고 있다.

14년 전 산제이를 처음 만났을 때 그는 인도의 보통의 청년과는 좀 다른 모습을 보여 주었다. 독립심이 강하고 정직했다. 훈련과정을 거치면서 꾸준히 성장해 갔다. 훈련을 마치고 그의 처갓집에서 교회를 개척하여 사역을 시작했다.

교회가 빠르게 성장하여 얼마 지나지 않아 보다 큰 이웃집을 세를 주고 빌려서 목회를 했다. 산제이는 청년사역에 특별한 은사가 있어 청년들 사이에 여러 가지 성령의 역사가 일어났다. 이때 성령을 받은 청년 중 네 명이 전도자가 되어 유피(UP) 지역 곳곳에서 개척하여 사역을 하고 있다.

계속 늘어나는 청년들과 어린이들을 위해 더 넓은 장소로 교회를 옮기게 되었다. 이번에는 병든 자, 상처받은 자, 그리고 과부 등 가정에 어려움이 있는 이들이 교회로 왔다. 교회는 치유센터가 되고 상담소가 되었다. 이렇게 교회가 부흥하고 성장을 하게 되자 핍박이 시작되었다.

이웃에 부자 힌두교인이 살았는데 교회로 쓰는 건물 바로 앞에 힌두교 사원을 세운 것이다. 그러고는 대형 옥외용 스피커를 교회 쪽으로 달아 놓고 수시로 힌두교 뿌자(제사) 음악을 크게 틀어 놓는 것이었다. 성도들은 이에 조금도 굴하지 않고 더 열심히 모여서 더 큰소리로 찬양하고 말씀을 배웠다. 성질이 고약한 부자에게 평소에 좋지 않은 감정을 가졌던 이웃들이 교회로 나오기도 하였다. 그러자 부자는 교회와 기독교에 대하여

여러 가지 거짓 소문을 퍼뜨려 교회를 공격하였으나 한번 불붙은 성령의 역사를 끌 수는 없었다. 그러자 그는 아예 교회가 세 들어 있는 건물을 매입을 해버렸다. 그러고는 교회로 모이지 못하게 하고는 힌두교 단체의 청년들을 동원하여 감시하고 회유하기 시작했다. 성도들은 절실하게 교회 건축의 필요성을 절감하고 헌금을 하기 시작했다. 가난하지만 최선을 다해 헌금을 하였다. 모든 성도들이 자신의 교회가 생긴다는 생각에 기쁨으로 자발적으로 참여하였다. 그리고 그동안 교회가 지역에서 행하는 가난하고 병든 자들을 돌보는 모습을 좋게 바라보고 있던 주변의 힌두교인들까지 교회 건축에 보태라고 헌금을 보내 오기도 하였다. 사원이 세워질 때 기부하는 것은 힌두교인들 사이의 관례이기도 하다.

이렇게 모아진 헌금으로 건축을 시작하였다. 모든 성도들이 건축 과정에 참여하도록 하였다. 주된 일은 건축 기술자들이 하지만 모래와 벽돌을 나르는 일, 일하는 사람들에게 음식을 제공하는 일등 할 수 있는 모든 일들은 나누어서 성도들이 날마다 돌아가며 봉사를 하였다.

그렇게 모든 성도들이 책임감을 가지고 헌신할 때 인도선교에 빚진 마음으로 협력하는 헌신된 가정을 통하여 은혜를 더하셔서 아담하고 튼튼한 교회가 완공되었다. 헌당예배를 위하여 자신들의 기도와 정성으로 세워진 교회 건물 안으로 들어가면서 성도들은 기쁨과 감사의 눈물을 흘렸다.

아름다운 성도들의 찬양이 성전을 가득 메우고 그 위에 하나님의 영광이 가득함을 보았다.

크고 작은 핍박과 방해가 계속되고 있지만 이전과는 다른 자신감을 가지고 맞서 감당해 나가고 있다. 하나님의 집이 곧 나의 집이라는 사실을 날마다 체험하면서 깨달아 가고 있다.

성도들은 교회 건물 하나 지은 것이 아니라 하나님 나라를 세운 것이다.

나 대신 다른 사람이 하나님 나라에 들어가 줄 수 없듯이 하나님 나라는 남이 세워줄 수 있는 것이 아니다.

망한 농사 망할 선교

농사를 짓기 위해 샘을 판다.
자신의 논과 밭에 필요한 만큼 깊이 샘을 파서 물을 긷는다.

내 논에 물이 차면 네 논으로 돌리고
네 논에 물 넘치면 내 논으로 들어온다.
물은 하늘이 주신 것이니 돈두렁은 있어도 마음 벽은 없었다.
서로에게 물꼬를 터주며 알곡이 여물어
추수 날 한마당에 대동의 춤을 춘다.

어느 날 이사 온 누가 위엣 땅을 사더니
씨앗도 뿌리기 전 관정부터 뚫는다.
고막을 찢는 엔진 소리 땅을 흔들고
뱀 아가리 같은 파이프에서 물이 쏟아져 금방 넘친다.

수시로 들려오는 굉음에 갓 자란 푸성귀들 치가 떨리고
누렇게 시들어 간다.
땅이 마르고 샘이 마를 때
벙어리 냉가슴은 타들어 간다.

홀로 높은 펌프질 자랑질 소리에 한숨소리 묻히고
누구네 빈 땅엔 홍수가 난다.

논두렁보다 더 높은 마음 벽이 생기고
어느새 아래 논배미에서는 더 굵고 긴 관정을 뚫는다.

03

코로나19와 하프타임(Half Time)

강물처럼 흘러야할 정의가 가로막혀 썩어가고
하수처럼 넘쳐야할 공의는 안전지대에 침묵하니
그 냄새 온 세상에 흘러넘치고
그 무거운 침묵 바이러스처럼 온 인류에 퍼지고 있다.

코로나19, 바로 나 때문이다.

코로나19, 바로 나 때문이다

내가 마시고 버린 플라스틱 병은
먹고 버린 쓰레기 속에 생생히 살아
내가 살아온 날 수만큼 쌓여 왔고,

내가 빨래하며 쏟아부은 강력 세제는
강물 속으로 빨려 들어가 부글부글 역한 구역질
하얀 거품 토해내어 강을 죽였다.

내가 타고 다니며 내뿜은 시커먼 매연
두꺼운 벽 되어 하늘을 가로막고
덥다고 틀어 대던 에어컨 바람
창밖에 열기되어 하늘을 녹였으니

죄 없는 히말라야 원인 모를 열병 얻어
펄펄 끓는다.
온몸에 흐르는 식은땀 홍수 되어 넘친다.
남 몰래 흘리는 눈물 바이러스처럼 온 세상 덮는다.

너에게 미안하여 양심에 찔림이 왔을 때 멈추어야 했다.
나 하나쯤이야 하고 얇은 커튼 뒤에 숨을 일이 아니었다.

이 정도쯤이야하고 슬쩍 쓰레기 더미에 던져버릴 일이 아니었다.
그 정도 불편함 더미는 내가 짊어져야 했다.

코로나19는 바로 나에게서 시작이 되었다.

불가촉천민 가족이 불에 타 죽고 화상을 입었다.
카스트 높은 이들 말 듣지 않는다고
모두 잠자는 새벽에 휘발유를 부었단다.
나는 그 새벽 깨어 있지 못했고
뻔뻔한 그들의 주둥이를 틀어막지 못했다.

소고기를 먹었다고 이웃의 한 가족이 돌에 맞아 죽었다.
권력을 잡은 종교가 돌멩이 되어 생명을 죽였다.
그 가족의 통곡소리 듣고도 달려가지 못했고
신성함을 가장한 그들의 거짓을 폭로하지 못했다.

내가 가르친 제자들이 개종시켰다는 이유로 얻어맞고 끌려갔다.
내가 가르쳤다고, 나도 한편이라고 나서야 했다.
사랑하는 성도들이 예배당을 빼앗기고 눈물을 흘릴 때
나는 아닌 듯 멀찍이 거리 두고 있어야 했다.

안전과 보안을 이유로 비겁한 침묵은 습관이 되고
외국인이라 어쩔 수 없다는 핑계로
무력감은 회칠한 무덤이 되었다.
어느새 자기 몸만 기르는 목자가 다 되어간다.

강물처럼 흘러야 할 정의가 가로막혀 썩어가고
하수처럼 넘쳐야 할 공의는 안전지대에 침묵하니

그 냄새 온 세상에 흘러넘치고
그 무거운 침묵 바이러스처럼 온 인류에 퍼지고 있다.

코로나19, 바로 나 때문이다.

도적같이 찾아온 코로나19

2020년 2월 18일 대구에서 신천지 관련 31번 확진자가 나오면서 급속도로 확산되기 시작한 집단감염 사례는 인도 언론에서도 주요 소식으로 다루어지기 시작했다.

그때까지만 해도 인도의 감염자 수는 미미한 수준이었고 사역지를 오가며 정상적으로 사역들을 진행할 수 있었다. 그러던 어느 날 전철을 타게 되었는데 갑자기 주변 사람들이 나를 힐끗힐끗 쳐다보면서 웅성거리는 것이었다. 그러더니 내 옆에 앉아 있던 한 사람이 일어나 다른 칸으로 옮겨 가고 그와 동시에 주변에 있던 사람들이 하나둘씩 모두 나를 피하여 다른 칸으로 옮겨가거나 멀찍이 물러서면서 자기들끼리 힌디어로 숙덕거렸다. '왜 한국인이 바이러스 전파 위험이 있는데 전철을 타고 다니느냐'는 것이었다. 나는 그들의 언어를 못 알아듣는 척 가만히 앉아 있었지만 바이러스 전파자 취급을 받은 것 같아 편치 않았다. 이방인으로 살면서 이미 이런저런 일들을 많이 겪었기에 별다른 감정의 동요 없이 모르는 척 앉아 있다가 조용히 내렸지만 코로나19가 가까이 왔음을 느끼게 되었다. 그 이후로 대중교통을 이용하지 않았고 사람들이 모이는 곳에는 가능하면 가지 않았다.

3월 첫째 주간 사역을 아그라 지역 3개 교회를 순회하면서 실시하기로 결정하고 사역자들에게 어느 교회에 먼저 갈 것인지 순서를 정하라고 했더니 이전 같으면 서로 먼저 오라고 할 터인데 쉽게 결정을 못하고 서로 미루는 눈치다. 그때 현지 언론에서는 외국인과의 접촉을 피하라는 등의 코로나19 생활수칙을 홍보하고 있었다. 그래서 외국인인 내가 일반 성도들을 만나는 것이 부담스럽고 더욱이 주변 지역사회 이웃들 시선이 조심스러웠던 것이다. 꼭 방문이 필요한 한곳만 방문하고 나머지 두 곳은 사역자와만 개별적으로 만나고 돌아왔다.

그 이후 사역지 방문은 하지 못하였다. 이렇게 코로나19는 나를 사역 관계를 비롯하여 친구 관계 그리고 이웃 관계 등 모든 관계로부터 물리적으로 공간적으로 격리를 시켰다. 얼마 전 힌두교 세력들이 개 종 금지법을 내세우며 교회와 성도들을 핍박할 때에도 굴하지 않고 더 열심히 모여 예배드리고 때로는 얻어맞고 끌려가면서도 만나기를 두려워하지 않았던 성도들이다. 그런데 지금 바이러스로 인하여 만나지 못하고 모이지 못하고 격리되어 있는 것이다.

이렇게 코로나19는 빠르고 강한 전염성으로 모든 관계를 격리시킴으로 사람과의 관계뿐 아니라 다른 피조물과의 관계 나아가 조물주와의 관계 등 모든 관계를 새롭게 정립하도록 강제하기 시작했다.

2020. 3. 6

봉쇄 (Lock Down)

3월 중순에 이슬람 단체의 국제적 대규모 집회가 뉴델리 니자무딘에서 거행되었고 그곳이 집단감염의 진원지가 되어 감염자가 급격히 늘어나기 시작하였다. 급기야 3월 22일 인도정부는 전면적인 봉쇄 조치를 실시하게 되었다.

국제선 항공기를 포함한 모든 항공기의 이착륙을 금지시키고 철도를 비롯한 모든 교통수단을 차단하였다. 그리고 크고 작은 모든 공장 및 사업장 그리고 모든 정부기관과 종교시설을 포함하여 사람이 모이는 모든 곳을 전격적으로 폐쇄 조치하였고 경찰이 곳곳에 바리케이드를 치고 몽둥이를 들고 시민들이 다니지 못하도록 감시하기 시작하였다. 마치 계엄령이 실시되는 것 같다.

갑자기 빙하기를 맞은 듯 창밖으로 보이는 거리는 적막 그 자체이다. 며칠째 정지된 화면, 음소거 상태가 계속되고 있다. 무슨 뜻일까? 이 거대한 우주적 침묵은 무엇을 말하는 것일까?

2020. 3. 25

사회적 거리두기

인도정부 당국에서는 강력한 봉쇄 조치를 강행하기 위해 사회적 거리두기 세부 규칙들을 내놓았는데 그 규칙들을 지키게 하기 위한 진풍경들이 곳곳에서 연출되었다.

봉쇄 기간에도 구매 가능하도록 허가한 품목으로는 식품, 의약품 등 몇 가지 생활필수품이 있는데 처음에는 이러한 것들을 구입하기 위해 식품점이나 약국에 갑자기 많은 사람들이 몰리는 바람에 아수라장이 되어 버렸다. 사회적 거리두기를 문자적으로 이해하지 못하는 글씨를 모르는 사람들도 문제이고 서로 먼저 그리고 많이 구입하려는 심리들이 작동하여 사회적 거리두기가 지켜지지 않는 것이었다. 그래서 등장한 것은 약국이나 식품점 앞에 일정한 거리를 두고 그려진 동그라미들이다. 물건을 사러 와서는 반드시 그 동그라미 안에서 차례를 기다려야 하는 것이다. 만일 자기 차례가 아닌데 동그라미 밖으로 벗어나면 경찰들이 총알같이 뛰어와 기다란 막대기로 사정없이 내리치는 것이다. 그것이 비인격적이라고 매스컴에 보도가 되자 새로 등장한 장면이 바로 기합 주기이다. 만일 차례를 지키지 않거나 동그라미 밖으로 벗어난 사람이 보이면 역시 경찰들이 달려들어 기합을 준다. 남자들은 팔굽혀 펴기를 시키고 여성들은 양손으로 귀를 잡고 앉았다 일어섰다를 반복하게 하는데 배가 나온 아주머니들은 간신히 쪼그리고 앉기는 앉았는데 도저히 일어서지를 못한다. 한 여성이 귀를 잡고 일어서려고 안간힘을 쓰다가 그만 땅바닥에 나동그라져서 사람들의 구경거리가 되는 일도 있었다. 그러자 다시 대안으로 나온 것이 선착순 달리기이다. 경찰이 정해준 목표지점까지 달려갔다 돌아오는 것인데 평소에 운동을 하지 않던 이들이 뒤뚱거리며 달리는 모습을 보고는 주변에 서 있던 사람들이 웃고 지키던 경찰들도 웃고 나중에는 달리던 사람들도 주저앉아 땅을 치며 웃는다. 순간 식품점 앞마당 거리는 마치 축제의 장이 된 것처럼 와자지껄 웃음과 해학이 넘친다.

　인도 백성들은 위로부터 가해지는 일방적이고 억압적인 제제조치들에 대하여 저항하기보다는 무조건 순응하고 이유를 따지기보다는 체념하고 자신의 운명으로 받아들이는 삶이 조상 대대로 길들여져 있다. 그래서 그들은 한결같이 긍정할 때 "예"하면서도 고개를 가로젓는가 보다.

2020. 3. 24

사라진 일자리

코로나19 사태를 접하면서 초기에는 비교적 잠잠하기에 그렇게 조용히 지나가기를 바라면서 절대 일어나지 않기를 바랐던 일들이 벌어지기 시작했다.

감염자들 수가 급속도로 확산되고 있는 것이다. 인도는 인구밀도가 높고 위생환경이 열악한데 비해 의료체계가 비교적 낙후되어 있다. 특히 일반 서민과 가난한 백성들에게 주어지는 의료혜택은 매우 열악하다.

그래서 당국에서 전면적인 국가 봉쇄라는 초강력 조치를 취하는 것을 이해하려고 했다. 그러나 이러한 일방적인 강력 조치가 부작용을 낳기 시작했다. 일거리를 구하기 위해 대도시로 몰려들었던 엄청난 수의 사람들이 갑자기 일거리가 끊어지면서 당장 생계에 문제가 생긴 것이다. 정부에서 지원을 하겠다고 발표를 했고 행정력을 동원하여 식량구호 활동을 시작했지만 전시행정의 성격이 강하고 대부분의 가난한 사람들에게까지 체계적으로 그 혜택이 돌아가지 못하고 있다. 평소에 복지정책과 그것을 실행할 수 있는 체계가 갖추어져 있지 못하기 때문이다.

그래서 어제부터 수많은 인파가 도시를 떠나 자신들의 고향(농촌)으로 돌아가기 시작했다.

그런데 이미 모든 교통수단을 운행 중단하였기에 주요 거점지역을 연결하는 최소한의 긴급차량만을 운행시키고 있는데 그것을 이용하려는 사람들이 한꺼번에 몰리면서 엄청난 혼란이 발생하였다. 따라서 수많은 사람들이 감염에 그대로 노출된 것이다. 그냥 두면 안 될 것 같은 위기감이 들었다. 빠르게 전화와 온라인을 통해 사역지 성도들의 식량문제 상황을 파악하기 시작했다.

일자리가 갑자기 다 사라졌기에 대부분의 성도들이 힘들어하고 있다. 특히 뉴델리 등 도시의 교회들에는 원근 각처 지방 출신 성도들이 많은데 갑자기 닥친 일자리와 식량문제로 고향 집으로 돌아갈 생각들을 하고 있었다.

지방 출신 성도들에게 어려워도 고향으로 돌아가지 말도록 권면을 하면서 식량지원이 긴급히 필요한 성도들에게 우선 식량을 지원하기 시작했다.

그동안 이렇게 직접적인 물질적 구호를 한 적이 한 번도 없다. 자칫하면 개종의 대가로 구제하는 것으로 오해를 받을 수 있어 민감하고 조심스러운 일이기도 하지만 지금은 그런 것을 따질 때가 아니다.

로띠(빵)를 만드는 재료인 아따(밀가루)와 쌀 그리고 기름 등 사역지의 필요에 따라 기초식품을 지원하여 성도들이 흩어지지 않고 교회를 중심으로 서로 의지하며 살아갈 수 있도록 하고 있다. 이일이 불씨가 되어 각 사역지에서는 성도들이 서로 돌보고 나누는 사랑의 교제가 시작되고 있다. 현재의 재난상황으로 인하여 더 강한 사랑의 공동체를 이루고 하나님 나라를 경험하는 중이다.

2020. 3. 26

비자와 항공권 취소

인도정부에서는 봉쇄 조치의 일환으로 모든 국제선 항공기의 착륙 금지와 함께 기존의 모든 인도 비자를 원천무효 시켜버렸다.

따라서 한국으로의 귀국 항공권이 일방적으로 취소되어 언제 어떻게 출국을 할 수 있을지 알 수 없는 상황이 된 것이다. 그뿐만 아니라 유효기간이 얼마 남지 않은 비자가 무효화되어 불법체류자 신분이 될 처지가 되었다.

이러한 혼란스러운 일들을 당하면서 '언젠가 어느 날 영원한 본향으로 영원히 돌아가야 하는 때가 올 터인데 그때에 이렇게 본향으로 가는 길이 내 앞에서 갑자기 막혀 버린다면 그래서 돌아갈 처소가 없어진다면 얼마나 당황스럽고 절망스러울까?' 라는 생각에 정신이 번쩍 들었다.

　　갑자기 도둑처럼 와서 모든 것을 정지시키고 혼란에 빠뜨리고 있는 코로나19는 "회개하고, 깨어 있으라!"는 주님의 경고로 여기고 나를 위해 거처를 예비하러 가신 주님을 사모하면서 매일매일 고독하지만 헛되지 않은 복된 시간들을 보내자고 스스로를 다독인다.

2020. 3. 28

더 늦기 전에

너를 만남이 얼마나 큰 기쁨인지
함께 사귐이 얼마나 큰 은총인지

만날 수 없고
모일 수 없게 하는 단절의 불 칼에 베이고 나서야
깨닫는다.

하찮게 여기던 작은 만남이
하나님 나라의 씨앗이었고,
외면했던 공동체의 사귐이
하나님 나라의 꽃이었음을

지금
만남과 모임이 가로막혀 지독하게 고독한 이 시간에
새로운 만남을 준비해야 한다.

밤 깊어 캄캄한 이 시간 깨어나
등불에 기름 가득 채워
영원한 잔치를 준비해야 한다.

온라인 사역으로 전환

지역에 따라 그리고 지역 감염자 발생 여부에 따라 봉쇄의 강도와 활동 반경 제약의 차이가 약간 있지만 모든 사역지 교회들이 이제는 함께 모여서 예배를 드릴 수 없는 상황이 되었다. 따라서 온라인 사역을 본격적으로 실시할 수밖에 없다. 이미 사역자들과의 소통을 위해 운영하고 있던 스마트폰 온라인 단체방을 활성화시켜서 주일예배 설교를 나눌 뿐 아니라 각 교회의 상황을 공유하고 어떤 문제가 발생할 경우 함께 대처할 수 있는 준비를 하였다. 이제 만날 수 없으니 모든 선교사역과 목회 지원을 온라인을 통해 하게 되는 것이다.

그리고 사역자들도 자기 교회의 성도들을 만날 수 없으니 모두 스마트폰을 이용해 목회를 하기 시작하였다. 주일예배 설교를 오디오나 비디오로 만들어 성도들에게 보내면 성도들은 각 가정에서 가정예배를 드리고 간혹 스마트폰이 없거나 구역별로 모임이 가능한 지역에서는 한 집에 3-4가정씩 모여서 영상을 보면서 예배를 드리기도 한다. "내가 떠나가는 것이 너희에게 유익이라"(요한복음 16:7) 하시며 보혜사 성령을 보내 주실 것을 약속하신 주님 말씀대로 보이는 사람과의 관계가 일시적으로 격리되는 대신에 보이지 아니하는 주님과의 관계는 더 가까워지는 유익이 있기를 바란다. 언택트(Untact)시대의 온라인 사역은 성령의 사역(With Holy sprit)이 될 것이다.

2020. 3. 29

137

고립과 자유

　이렇게 코로나19로 인하여 격리되어 사택에서 홀로 보내게
되었다. 모든 사람과의 관계가 물리적으로 완전히 차단되니 삶
이 단순해졌다. 할 수 있는 일은 읽고 쓰고 기도하고 그리고 생
각하고 생각하다 지치면 자고 한숨 자다가 깨어나면 정신 차
려 기도하는 것이 전부였다. 전 세계적으로 강제된 상황 때문
에 사람을 만날 수 없으니 사람을 만날 일을 아예 만들지 않아
도 되고 사람을 만날 일이 없어지니 정신이 자유로워진다. 만
남이 중단된 지금 돌아보니 그동안의 일상은 주로 사람들을 만
나기 위해 준비하고 만나서 함께 시간을 보내고 만나고 돌아와
서는 만남에서 있었던 일에 대하여 생각하고 정리하고 또 다음
만남을 준비하는 과정의 반복이었다. 사역은 그렇게 만남을 통
해 이루어져 왔다.

　그런데 이렇게 사람과의 만남으로부터 단절되고 자유로워
지니 나 자신과 만나는 시간이 많아지고 하나님을 생각하는 시
간이 늘어나고 깊어진다. 같은 지리적 공간 안에서 얼굴을 대
하여 만나는 만남은 막혔지만 오히려 서로를 생각하고 기도하
는 영적인 만남은 많아졌다. 자연스럽게 사람과의 관계가 새롭
게 정리되어 형식적 관계는 점점 사라지고 인격적 관계는 더
욱 돈독해지고 있다.

2020. 3. 31

카톡 제국

때와 장소 분별도 없이 건방지게 끼어드는
카톡 소리에 귀 먹어
사람의 소리는 들리지 않고
잔 바람에도 화들짝 수시로 열리는
고장 난 문짝 같은 문자에 눈멀어
사람의 마음은 보이지 않고 건조무미한 암호만 보인다.

바야흐로 카톡 제국 시대
사방에서 홍수처럼 밀려오는
소리와 문자에 포로 되어
주님의 의견보다는
카톡의 의견을 살피고
주님의 응답보다는
카톡의 반응을 기다리며
주님의 판단보다는 카톡의 심판을 두려워한다.

밤과 낮이 카톡에 연결된다.
카톡에게 굿나잇! 카톡이 굿모닝!
국경과 민족을 넘어 세계로 확장된다.
모든 길은 카톡으로 통한다.

하여 카톡 시민권(아이디) 하나 없는 나는
이방인 넘어 외계인이다.

카톡 제국에서 주고받는 문자질로부터 소외를
언제까지 견딜 수 있을까?

모국어를 자유로이 쓸 수 있는 날까지는 고독을
자유와 바꾸고 싶지 않다.

멈춤과 회복

코로나19 차단을 위한 전격적인 봉쇄로 모든 것이 멈추어 섰다. 혼자서 째깍 째깍 열심히 돌아가는 시계와 노트북 컴퓨터를 제외하고 내 주변의 모든 기계가 멈추어 섰다.

나의 길동무 스콜피오(자동차 이름)는 주차장에서 먼지를 두껍게 뒤집어쓰고 무기한 휴가 중이다. 13년을 멀고 험한 히말라야 길까지 북인도 전 지역을 쉴 새 없이 달려왔으니 휴가를 가질 때도 되긴 했다. 최근 들어 여기저기 고장이 잦았는데 끝을 알 수 없는 긴 휴가 끝에 다시 시동을 켜고 움직일 수 있을지 의문이다.

기적 소리 들릴 정도의 거리에는 기차역이 있어 수시로 기적소리가 들려왔었는데 그 소리도 들리지 않는다. 문짝과 유리 창문이 떨어져 나갈 정도로 사람들을 와자지껄 가득 태우고도 모자라 지붕 위에까지 태워 나르던 버스들도 보이지 않는다. 넓은 길 좁은 길 가릴 것 없이 틈만 있으면 달려가는 오토릭샤의 탈탈거리는 소리가 그립다.

아침저녁 하루에 두 번씩 번갈아 가며 찾아와 각자 특유의 목소리와 리듬으로 외치는 야채 장수와 우유 배달 아저씨의 정다운 소리는 이제 귓가에서만 맴돈다. 밤낮을 가리지 않고 창공을 가로지르며 제멋대로 낙서를 해 대는 비행기들의 오만하기 짝이 없는 굉음이 들리지 않은지도 꽤 오래되었다.

그러고 보니 동네 꼬마들의 틈에 끼어서 천방지축 뛰어다니며 짖어 대던 거리의 그 많던 개들조차도 어디로 갔는지 요즘 조용하다. 들리는 소리는 제 세상 만난 듯 앞서거니 뒤서거니 경주를 하느라 열심히 째깍거리는 오직 시계 초침 소리다.

이렇게 세상의 움직이던 모든 것이 멈추어 섰다. 온갖 것들이 멈추어 서니 보이지 않던 것들이 보이기 시작했다.

시커먼 도시 매연에 가려 보이지 않던 밤하늘의 별들이 보이고 미세 먼지와 대기오염 1등 국가라는 오명에 가려져 숨어 있던 히말라야가 펀잡 지방 푸른 들판 지평선 위로 나타나 그 아름답고 웅장한 모습을 보이기 시작했다.

원근 각처에서 쉴 새 없이 시끄럽게 들리던 소리들이 사라지고 조용해지니 외부의 모든 소리로 차단된 완벽한 방음실에 들어와 있는 것 같다. 숨소리 맥박 소리만 들리는 어머니 뱃속의 태아가 된 느낌이다. 갑자기 세상이 사라지고 혼자 남은 것 같은 착각이 들기도 할 정도이다.

살면서 이렇게 모든 소리로부터 차단되어 본 적이 있었던가? 더군다나 시끄럽기로 유명한 인도에서는 꿈도 꿀 수 없는 현상이 현실이 된 것이다.

피조물의 아우성이 멈춘 상태에서 창조주의 말씀을 들을 수 있는 내 생애 최초이자 마지막 기회일지도 모른다는 생각이 든다.

온 세상을 전격적으로 멈추게 하실 정도로 긴급한 하나님의 뜻이 무엇일까?

2020. 4. 1

혼자 잘 지내는 방법

봉쇄는 한 달 이상 계속되고 있는데 더 연장할 것이라는 보도가 나오고 있다. 과연 연장된 봉쇄는 언제 끝이 나고 언제쯤 사역지를 다닐 수 있을지? 전혀 예측할 수가 없다. 격리된 채로 혼자 지내는 생활이 점차 익숙해져 간다. 식사도 최대한 간단하게 해결한다.

집 밖으로 나갈 일도 없고 누가 찾아올 사람도 없으니 옷은 가장 편한 옷을 입고 지낸다.

사역자들과의 소통은 시간을 정해 놓고 온라인으로 한다. 하루 24시간을 영적인 필요에 따라 그리고 신체적 리듬과 욕구에 따라 오롯이 나를 위해 사용할 수 있다. 그러다 보니 영적인 필요와 신체적 욕구가 서로 시간 싸움과 영역 다툼을 하게 된다. 이 줄다리기 긴장을 잘 조절하는 것이 혼자 잘 지내는 방법이다.

이렇게 지내다 보니 불교의 승려들이 수행을 위해 실시하는 하안거를 하는 것 같다. 하안거는 인도의 브라만교 수행자들이 비가 오는 우기에 밖에 다니면 자신도 모르게 기어 다니는 벌레를 밟아 죽여 살생을 범하게 되고 또 우중에는 끼니를 얻어먹는 행걸을 하기에도 적합지 않으니 밖으로 다니는 대신에 우기가 끝나기까지 90일간 동굴이나 사원에 들어앉아 참선에 전념하는 전통에서 시작되었다고 한다. 이렇게 사람을 만날 수 없도

록 철저히 고립된 상황이 영성을 더 풍부하게 할 수 있는 카이로스가 될 수도 있겠다. 그러나 문제는 비자가 무효화되었다는 것이다. 그래서 가능하면 빨리 나가기는 나가야 하는데 한국으로 나가는 직항 노선 비행기들은 벌써 운행 중단 상태이고 제3국을 경유하는 긴급 항공기들이 몇 편 남아 있다.

그래서 출국하려고 생각하니 식량문제로 고통을 당하고 있는 제자들과 성도들이 눈에 밟힌다. 그리고 무엇보다도 "생명을 걸고 선교해야 할 선교사가 한낱 바이러스를 피해서 나가는 것이 과연 옳으냐?"하는 남들의 시선은 둘째 치고라도 잘못하면 이유를 불문하고 "재난의 시기에 선교지를 떠나왔다는 사실이 두고두고 스스로의 자존심을 허무는 실책이 되지는 않을까?"하는 염려 때문에 쉽게 결정을 내리지 못하고 며칠 동안 갈등을 하였다. 그러면서 두 차례의 제3국 경유 항공을 통한 마지막 출국 기회를 놓치고 말았다. 이제 출국을 고민할 필요가 사라졌다. 갈등하지 않아도 되니 차라리 마음이 편하다.

출국

　이렇게 출국을 포기하고 있었는데 한인회와 대사관 측에서 인도 정부 당국과 임시 항공기 운항허가를 받기 위해 교섭 중이라는 연락이 왔다.

　다시 출국 문제를 놓고 고민하기 시작하였는데 결국 출국을 결심하게 만든 일이 생겼다. 내가 한국인이기에 행정당국이 "코로나19 바이러스 전파 가능성이 있는 자" 요주의 인물 즉 감시 대상자로 분류하고 관리하기 시작한 것이다. 보건소에서 기침, 발열 등 바이러스 감염 증세가 있는지 확인하는 건강 질문서를 보내왔다. 물론 아무런 증상이 없고 최근에 해외여행을 한 적이 없음을 표시하여 보냈다. 며칠 후에는 직원이 직접 방문하여 수시로 확인을 하겠다는 통보가 왔다.

　현재 아무런 증상이 없고 현재 살고 있는 지역에만 9년째 살고 있고 최근 몇 달간 해외 출국 사실이 없음을 확인해 알려 주었지만 자기들이 한번 지정한 감시 대상을 그냥 두지 않을 것 같다는 생각이 들고 혹시 주변에 감염자라도 나오면 모든 사람이 나를 주목할 것 같은 예감이 들었다.

　'이런 상황에서 더 이상 버티다가 여러 가지로 지역사회에 부담스러운 존재가 될 수도 있겠다'는 생각에 출국을 결심하게 되었다. 며칠 후 대사관 측에서 주선한 임시 항공기 허가가 나와 한국으로 출국을 할 수 있게 되었다.

대사관 측에서 마련한 버스를 타고 공항으로 나가는 동안 완전히 텅 빈 시내 거리를 통과하는데 곳곳에 무장한 경찰이 검문검색을 하고 있었다.

출국 수속은 미리 대사관 측에 인적 사항을 전달하였기에 일사천리로 신속하게 진행되었다. 공항 모든 상가는 굳게 닫혀 있었다. 지정된 탑승구 주변에만 최소한의 불이 희미하게 켜져 있을 뿐 공항은 깊은 어둠과 끝 모를 적막 속에 잠겨 있었다.

발열 검사를 하고 비행에 올라 좌석에 앉자 나도 모르게 깊은 한숨이 터져 나온다.

만감이 교차한다. 이륙을 위해 천천히 움직이는 비행기 창밖으로 인도의 세월이 지나간다. 노심초사 애태우던 일들이 한 장면 한 장면 지나간다.

함께 울고 웃던 제자들이 한 명씩 나와 손을 흔든다. 해산의 수고를 통해 낳은 생명들이다. 만나면 언제나 가족같이 손을 꼭 잡아주던 성도들의 환한 얼굴들이 멀리 보인다. 그들 속에 그들과 함께 있을 때 가장 마음이 편했고 행복했다.

이 땅에 이방인으로 사는 동안 때로는 화나게 하고 절망케 하던 이 땅의 낯 두꺼운 군상들도 결국은 뒤로 밀려나 천천히 멀어져 간다. 그들은 나의 존재가 불편했을 것이다. 나그네인 내가 더 참았어야 했다.

어두워진 활주로를 달리던 비행기가 참았던 소리를 모조리 토해내며 하늘로 떠오른다. 다시 돌아올 때는 처음 오는 것처럼 오리라. 이렇게 돌아갈 모국이 있고 기다리는 가족이 있다는 것이 얼마나 감사한가?

모국으로 돌아가는 길이 이렇게 기쁜데 그날에 영원한 본향 아버지 집으로 돌아가는 길은 얼마나 기쁠까 하는 생각에 한국에 도착하기까지 한 번도 깨지 않고 깊은 잠을 잘 수 있었다.

2020. 4. 5

한국에서의 코로나19

코로나19 바이러스 상황 속에 선교지를 떠나 한국에 들어와 자가격리 기간을 끝내고 언제 다시 선교지 현장으로 돌아갈 수 있을지 앞이 보이지 않는 불확실한 날들을 보내고 있다.

지금도 코로나19 한복판을 통과하느라 진통을 겪고 있는 선교지의 제자들과 교회의 아픔이 느껴져 잠을 설친다. 처음 개척 때부터 오늘날까지 함께 잘 헤쳐 온 제자들과 성도들이 이번 사태를 과연 잘 극복하고 성장할 수 있을까?

함께 있을 때 좀 더 사랑하지 못한 것이 걸린다. 그땐 이렇게 했어야 하는데 하는 아쉬움이 점점 커진다. 코로나19 국면이 지나고 나면 선교지의 상황은 여러 가지로 변화되어 있을 것이다.

코로나19 이후에는 무엇에 집중해야 하고 그것을 어떻게 준비해야 하는가?

입국

　편안한 기분에 가볍게 눈을 떠 보니 새벽 별들이 돌아갈 채비를 하느라 분주한 이른 새벽이다. 저 멀리 동녘에서 시작된 빛이 아직 어둠에 잠긴 한반도를 통째로 비추기 시작한다. 눈이 부시다.

　모국어가 눈에 들어온다. 긴장이 풀린다. 이제는 여권을 잃어버릴까 봐, 불법체류자로 추방 당할까봐 걱정하지 않아도 된다. 나의 나라에 왔기 때문이다.

　인도공항에서 출발할 때처럼 코로나19 발열 체크를 한다. 고열이 있는지 없는지 이제 관심이 없다. 설령 고열이 있다 해도 나아가 코로나19에 감염이 되었다고 하더라도 걱정이 없다. 모국에 왔기 때문이다. 사실 인도에서 공항 들어오면서 발열 체크할 때는 혹시 열이 있어 출국하지 못하면 어쩌나 하고 긴장이 되었었다.

　새로 마련된 방역 기준에 따라 스마트폰에 자가격리 앱을 설치하는 것을 시작으로 검역과 입국 절차를 밟았다. 까다로워지고 길어진 절차가 조금도 불편하게 느껴지지 않는다. 나의 나라이기 때문이다.

　검체검사를 위해 보건소로 이동하는 동안 아침 출근시간이라 교통체증으로 시간이 걸린다. 그래도 조금도 조급해지지 않는다. 오히려 봄빛이 가득한 거리의 모습을 천천히 볼 수 있어 감사하다. 보건소에서 검사를 받을 때 약간의 착오로 두 번 반복하게 되었지만 그래도 고국에서 검사를 받고 있다는 사실만으로도 감사하다. 검사를 마치고 자가격리 장소까지 보건소 차로 태워다 준다. 해외 입국자는 자가격리가 끝날 때까지 다른 사람을 접촉해서는 안 되기 때문이라고 한다. 이렇게 입국하는 그 모든 과정에서 그리고 그것을 담당하는 모든 분들을 모습을 통해 모국의 존재를 느낄 수 있었다. 모두 천사같이 보인다.

모국에 왔다는 사실이 불편함도 지루함도 근심도 걱정도 잊어버리게 해 주었다. 외국에서 나그네로 이방인으로 살다가 지쳐서 돌아온 사람에게는 모국 자체가 감사요, 기쁨이요, 평안이 되는 것이다.

이 세상 나그네 삶을 다 마치고 다시는 사망이 없고 애통하는 것이나 곡하는 것이나 아픈 것이 다시 있지 아니한 나의 본향 아버지 집에 도착하면 얼마나 감사하고 기쁘고 평안할까?

2020. 4. 6

자가격리

코로나19 검사 결과는 음성으로 판정이 나왔지만 정부의 방역지침에 따라 만일의 경우를 대비해서 14일간 자가 격리를 하게 되었다.

자가격리 생활에 필요한 물품과 생활비까지 정부로부터 지원을 받고 배정된 공무원으로부터 아주 친절한 안내를 받을 수 있었다. 이미 선교지에서부터 자발적 자가격리 생활을 해 왔기 때문에 혼자 지내는 생활은 익숙하다. 다만 다른 점이 있다면 한국에서는 보이는 것과 들리는 것이 더 많고, 가고 싶은 곳이 더 많기 때문에 자가격리 기간이 더 길게 느껴질 수도 있다는 점이다.

자가격리를 하는 이유는 나로 인해 다른 사람들이 바이러스에 감염될 위험을 미리 차단하여 다른 사람의 건강과 생명에 해를 끼치는 일을 없게 하자는 것이다. 그러므로 자가 격리는 타인에 대한 예의이기도 생명에 대한 존중이기도 하다.

자가격리 기간 중 아내와 자녀들이 음식을 준비해서 찾아왔다. 준비해 온 것들을 문 앞에 놓고는 멀리서 인사만 하고 돌아간다. 그 순간 아쉬운 마음에 '굳이 이렇게까지 해야 하나? 잠깐 만나면 어떠랴?' 하는 생각이 들기도 한다. 그러나 가족에 대한 사랑과 사회적 약속을 지켜야 한다는 책임감에 참았다.

오랜만에 만났으니 서로 손을 잡고 마주 앉아서 할 이야기가 얼마나 많겠는가? 그러나 혹시라도 나에게서 나쁜 바이러스가 남에게로 옮겨가면 안 되니까 스스로를 격리시켜 만나지 않는 것이다.

이러한 자가 격리는 일상생활에도 가끔 필요한 것 같다. 남을 전염될 수 있는 것이 어디 코로나19 바이러스 뿐이겠는가? 어쩌면 코로나19 바이러스보다 더 해롭고 지독한 것들을 발산하여 전염시키고 있는지도 모른다.

자가 진단을 해 보고 내 속에 악독한 것들, 남에게 해를 끼칠지도 모르는 나쁜 감정, 나쁜 생각들이 쌓여 있다며 그것이 전파되어 타인의 영혼에 치명적인 상처를 입히기 전에 스스로 자가 격리를 해야 한다. 적어도 그 악독이 다 빠질 때까지는 마음의 자가격리를 해야겠다.

나도 너도 함께 살기 위해 가끔은 자가 격리가 필요하다.

2020. 4. 12

자색 옷은 벗어요

님이여, 자색 옷을 벗어요.
그 옷은 빌라도가 이미 버린 옷
졸병들이 주워다가 희롱하던 옷이어요.

얼른 그 옷 벗어요.
그 옷은 님에게 맞지 않아요. 어울리지도 않아요.
장사들이 바겐세일하다 남은 옷이어요.

님이여!
이제 그 옷 벗어 버려요.
차라리 맨몸으로 서요.
벌거벗은 수치는
이 몸으로 가려 드리겠습니다.

마스크

마스크는 요즘 필수품이 되었다.

나의 입에서 나가는 것을 막아주고
밖에서 나에게 들어오는 나쁜 것들을 막아 준다.
마스크 필터가 나쁜 균이 나가는 것을 막아 주듯이
내 입에서 튀어나가는 말을
걸러주는 마스크가 있으면 좋겠다.

잘 생각하고 준비해서 말을 한다고 하지만
너의 상황과 입장을 충분히 이해하지 못하고 내뱉은 말은
너에게 독이 되기도 한다.

너를 배려하고 상황을 고려하여 내놓은 말이
나에게 화살이 되어 돌아오기도 한다.
왜 그런 말을 했을까? 그 화살 독을 빼내느라
몇 날 며칠을 밤낮 끙끙 앓기도 한다.

그렇다고 말을 하지 않고는 살 수 없는 법
할 말만 나가게 하고
하지 않아도 되는 말
불필요한 말
독이 배인 말은 미리 걸러주는 마스크,

그리고 준비된 좋은 말도
상황이 바뀌어 맞지 않으면
다 걸러내고 차단할 수 있는 마스크를 쓰고 싶다.

그런 마스크 만드느라
입을 굳게 닫는다.

온라인 예배와 영적 체력

인도 사역지에서는 석 달째 교회에 모이지 못하고 온라인으로 예배를 드리면서 성도들의 신앙생활을 지원하고 있다. 온라인 예배가 계속 되면서 성도들과 사역자들은 다소 혼란을 겪기도 했지만 점차 이러한 신앙생활에 적응해 가고 있는 중이다. 문제는 언제까지 온라인 예배를 통하여 신앙생활을 지속할 수 있겠는가? 하는 점이다.

온라인 예배를 통해 신앙생활이 지속 가능한 경우가 있겠고 그렇지 못한 경우도 있겠다. 즉, 코로나19 이전에 개인적으로 구원을 경험하고 그 기쁨을 맛본 사람들은 온라인 예배를 통해서도 신앙을 유지할 수 있을 것이다.

그리고 코로나19 이전에 교회 공동체를 통하여 하나님 나라를 느끼고 체험한 사람들은 특정 장소나 시간에 제약을 받지 않고 언제 어디서나 신앙생활을 할 수 있을 것이다. 그러나 코로나19 이전에 그러한 경험이 없는 사람들은 혼란과 어려움을 겪는다.

복음 이외의 다른 여러 요인들, 예를 들면 경제적 이해관계나 인간관계 때문에 그리고 문화적 필요에 끌려서 교회를 다녔던 사람들은 그러한 필요들을 온라인으로 더 이상 충족시킬 수 없는 상황이 오면 신앙인이 아닌 자연인으로 자연스럽게 돌아갈 것이다.

왜냐하면 온라인을 통해 좋은 영상과 음향으로 말씀을 제공해 주겠지만 오프라인을 통해 받을 수 있었던 다양한 것들을 다받을 수는 없기 때문이다.

그리고 율법적인 형식에 매여서 교회생활을 해 오던 사람들은 온라인 예배를 통해서는 전통적인 율법적 요구와 형식을 만족시킬 수 없어 스스로 변화되지 않으면 지속적으로 신앙을 유지하기 어려울 것이다.

그동안 신앙생활의 근간처럼 여겨졌던 전통적인 건물 교회중심의 "주일성수"라는 율법적 개념이 자연스럽게 약해져 가고 있기 때문이다.

결국 코로나19 이전에 교회 안팎에서의 신앙적 혹은 영적인경험이 온라인 예배에 결정적인 영향을 주고 있다. 즉 오프라인(대면:CONTACT)에서의 경험과 그 기억이 온라인(비대면:UNTACT)신앙생활을 지속 가능하게 하는 동력이 되는 것이다.

그래서 온라인 예배가 지속되고 있는 코로나19 상황이 나의15년 선교사역을 시험하고 평가하는 시험 기간처럼 느껴진다.지금 시험을 치르고 시험장을 잠시 빠져나와 과연 어떤 결과가나올지 지켜보는 중이다.

그동안 언어의 장벽을 오르고 문화의 차이를 넘나들며 북인도 곳곳에 개척한 교회들이 코로나19 이후에 과연 어떤 모습으로 서게 될지? 용광로 같은 무더위 속에서 땀으로 목욕을 하면서 먹이고 가르치고 훈련을 시켜서 파송한 곳곳의 제자들이 과연 이 위기의 상황을 어떻게 극복하고 어떤 결과를 만들어 낼지 두렵기도 하고 기대가 되기도 한다.

저들의 옷(꾸르따)을 입고 저들의 밥(로띠)을 함께 먹으며 양육한
영적 자녀들이 이제는 자신들만의 영적인 체력으로 과연 스스
로 코로나19를 이겨 낼 수 있을까?

2020. 5. 25

코로나19 속의 빈부 격차

　전례 없는 초강력 봉쇄 조치를 석 달 이상 실시하면서 모든 산업시설이 가동을 완전히 멈춘 상태이기에 천문학적인 경제적 손실을 걱정하는 목소리가 터져 나오고 있다.

　그러나 이것도 일반 서민들의 문제이지 상류층 부자들에게는 문제가 되지 않는다. 상위계층 10%의 부자들이 국가 전체 부의 55%를 소유하는 것으로 알려져 있지만 실제적으로는 금이나 현금을 대량으로 비축하고 보유하는 인도인들의 관습상 상위 계층으로의 부의 편중은 더욱 심할 것으로 보고 있다. 그런데 이번 코로나19 사태로 말미암아 빈부의 격차는 더 크게 벌어질 것으로 예측된다. 왜냐하면 인도의 은행 금리는 평균 6%~8% 안팎으로 높게 유지되는 반면 대다수 일반 서민들의 경제활동은 완전히 중단되었고 더구나 수많은 노동자들의 일자리는 완전히 붕괴되어 언제 다시 일을 시작하고 소득을 얻게 될지 여전히 불확실하기 때문이다. 실제적으로 일반 서민들과 가난한 백성들의 삶이 언제 어떻게 회복되어 일상으로 돌아갈 수 있을지 걱정이 된다.

　그러나 상류층(카스트)들에게 코로나19는 그렇게 심각한 문제가 되지 않는 것 같다. 완벽하게 외부로부터 차단된 왕궁 같은 대저택에서 무제한 휴가를 즐길 수 있고 혹시 코로나19에 감염된다 하더라도 그들에게는 최고 수준의 병원과 의료진들이 대기하고 있기 때문이다. 인도의 유명한 발리우드(인도영화를 칭하는 말) 배우인 아미따 바짠(Amitabh Bachchan)이 코로나19 감염 증세를 보여 병원에 입원했다는 뉴스가 크게 보도되었지만 심각하게 여겨지지 않는 것은 이러한 이유 때문이다. 한 장에 수백만 원 들여 특수 제작된 황금 마스크를 자랑하는 이들도 있다.

그러나 서민들과 가난한 사람들 중에는 코로나19 확진자 수가 폭발적으로 증가하고 있지만 그들이 입원하여 치료받을 수 있는 병상이 부족하여 고통을 당하고 있으며 코로나19 감염 걱정 보다는 하루 하루 매일의 양식을 걱정해야 하는 이들이 더 많은 것이 현실이다.

2020. 6. 10

단계적으로 풀리는 봉쇄

6월 초부터 각 지방 정부별로 봉쇄를 단계적으로 완화하거나 풀기 시작하였다. 여전히 코로나19 확진자 수가 줄어들거나 특별한 대책이 생긴 것은 아니지만 전체적인 국가 경제 상황과 일반 서민들의 심각한 생계문제로 더 이상은 봉쇄를 계속할 수 없게 된 것이다.

수도인 델리시는 봉쇄를 완화했지만 다른 주변 지역에서 델리로 진입하기 위해서는 통행증을 발급받아야 하고 또한 델리로 출퇴근하거나 사업차 방문하는 수많은 사람들이 델리시 경계에서 통행증 검사를 받느라 엄청난 교통 혼잡을 이루고 있는 상황이다.

각 주 정부 권한으로 코로나19의 감염 정도에 따라 레드존(Red Zone), 오렌지존(Orange Zone), 그린존(Green Zone)으로 구분하여 통제 관리를 하고 있다. 이렇게 봉쇄 조치가 풀리면서 염려가 되는 것은 워낙 인구 밀도가 높고 위생관리나 방역체계가 허술하기 때문에 대량 집단감염 위험에 그대로 다시 노출된다는 점이다.

특별히 가난한 서민들이 밀집하여 모여 사는 서민 지역이나 천민들이 모여 사는 슬럼가 등에는 정확한 인구 통계도 없는 데다가 방역이나 의료 지원이 제대로 이루어지지 않는 경우가 많아 얼마나 많은 이들이 감염이 되고 희생이 되고 있는지 알 수 없다.

종교집회는 여전히 금지하고 있어 성도들은 교회에 함께 모이지 못하고 온라인 예배로 신앙생활을 유지하고 있다. 모임과 공동체를 중요하게 여기는 기독교인들은 코로나19의 방역조치로 신앙생활에 제약을 받고 있지만 힌두교인들은 본래부터 공동체 모임보다는 개별적으로 각자가 선호하는 다양한 신들을 원하는 시간에 찾아가 뿌자(힌두교 제사의식)를 행하기에 전혀 문제가 되지 않고 있다. 그러기에 힌두교인이 절대다수를 차지하는 인도 당국에서는 종교집회를 재개시킬 필요를 느끼지도 않을 것이다.

코로나19 방역조치가 타 종교를 고사시키고 싶어 하는 세력의 수단으로 악용되는 일은 없기를 바라며 과연 어느 시점에 종교집회를 전면적으로 허용할지 사역자들과 함께 지켜보고 있다.

2020. 7. 10

보이지 않는 출구

감염자 수는 날로 급증하고 있는데 언제쯤 코로나19 백신과 함께 치료제가 나올지 모르는 상황이다.

단계적으로 봉쇄를 완화하기 시작하면서 골목 어귀에 굳게 가로막혀 있던 바리케이드는 몽둥이를 든 경찰과 함께 사라지고 있다. 국내선 비행기 철도 버스들도 운항을 제한적으로 재개하고 있다. 도심의 거리 구석구석을 씩씩하고 요란하게 누비던 오토릭샤들도 다시 나타났지만 이전의 활기찬 모습은 사라졌다.

이렇게 온라인을 통해 보이는 인도의 거리는 복잡해지고 있지만 이전과는 다른 공허한 혼잡이다. 시민들은 옷에 묻은 먼지를 털어내며 일터로 향하고 있지만 더 많은 사람들은 사라져버린 일터 대신에 공원으로 나가고 있다.

코로나19의 출구가 보이지 않는 요즘 마치 유배지에 와 있는 듯 고립된 느낌이다.

어떤 계획을 세울 수도 없고 나의 의지대로 할 수 있는 일이 없다. 무중력 상태에 떠 있는 것 같다.

지금의 상황에서 선교지 현장에 남아 있을 수 있다 하더라도 할 수 있는 일은 특별히 없겠지만 이렇게 허허로움을 느끼지는 않을 것이다.

끝이 보이지 않으니 불안하다.
끝이 끝으로 보이니 절망한다.

보이지 않는 끝 너머 새로운 시작을 바라봄이 소망이다.
새로운 시작을 준비하며 깨어 있음이 사랑이다.

2020. 8. 20

어머니 울지 마세요

가난한 집에 시집오신 어머니
없는 살림 일으키시랴
새벽마다 성전 촛불 밝혀 기도하시고는
어둠이 걷히기도 전에 일터로 나가셨지요.

새마을 노래 울려 퍼지는 들에서 공장에서 공사판에서
잘 살아 보세 잘 살아 보세 우리도 한번 잘 살아 보세.
땅거미가 엄마 찾아올 때까지
누구 때문에 그 고생하셨나요?

새마을 노래 그친지 오래고
부흥의 시대도 가고
그사이 놀랍게 성장한 BTS가 춤추는 AI 온라인 시대
세련된 자식들은 숨 막혀 못 살겠다고
더 이상 엄마의 간섭이 필요 없다고
집을 떠나가 버리고

재개발된 아파트 단지마다 미아 찾는 벽보 위에
코로나19 검사 사회적 거리두기 홍보물 넘치니
단지 밖 가파른 언덕길에 어머니 홀로 나와 울고 계십니다.

소리 죽여 우십니다.
누가 들을 새라 집 나간 자식 이름도 못 부르고
누가 볼 새라 그저 어깨만 들썩이십니다.
집 나간 자식 돌아오기를 눈물이 마르도록 서쪽 하늘만 바라봅니다.

어머니가 울고 서 계십니다.
집 나간 자식이 앉아 공부하던 책상을 어루만지며
꺼이꺼이 소리 내어 우십니다.
학사모만 씌워주면 어미 노릇 다 한 거라 여기고
손발이 문드러지도록 죽어라 일만 하신 어머니

자식 앉던 빈자리가 어머니 가슴에 찬바람을 일으킵니다.
"엄마가 해 준 게 뭐 있어?"
툭 내 뱉은 그 말 비수 되어 꽂힙니다.
거리엔 여전히 "사회적 거리두기" "생활 속 거리두기"
생생하게 펄럭거립니다.

어머니 눈에는 코로나19보다 저것들이 원수 같아 보입니다.

어머니 울지 마세요.
머지않아 저 원수들 소리 없이 사라지겠지요.
그날에 집 나갔던 자식들 소리 없이 들어와 앉겠지요.

어머니, 그리하지 않을지라도 또 울지는 마세요.
팔삭둥이 막내 제가 있잖아요.

제가 곧 어머니 곁으로 갈 것이니까요.

히말라야 마지막 마을까지 어머니 주신 편지 다 돌리고는
알록달록 화사하게 차려입은 인도 친구들 함께 갈 것이니까요.
그때에 빈자리는 아마 없을 거예요.

그날 우리 주님도 어머니 맞으러 오실 겁니다.
저는 그때 꼭 어머니 곁에서 주님을 맞이하겠습니다.

어머니 이제 울지 마세요.
걱정하지 마세요.
어머니 집에 켜 놓은 청사초롱이 여기까지 환하게 비추고 있어요.
어머니가 준비한 향유 냄새가 여기까지 퍼져 오고 있어요.

+ 몇 달째 계속되는 온라인 예배로 깊고 무거운 정적만이 가득 찬 한국교회와 함께 아파하며…

코로나19와 십자가

본래 십자가는 억울한 것이다.
남의 죄까지 짊어져야 하기 때문이다.

부끄러움도 모두 껴안아야 한다.
발가벗겨지고 손가락질을 당해도
뒤로 숨어서는 안 된다.

왜 화가 머리끝까지 치밀어 오르지 않으랴?
그래서 가시 면류관 꾹 눌러 쓰는 것이다.

대못이 손발을 찢고 창끝이 피투성이 심장을 찔러 대는데
어찌 아프지 않으랴?

모두 떠나가고 아버지마저 침묵하는 때
남는 것은 외로움이다.

그래서 십자가는 죽기까지 참는 것이다.

지금은 묵묵히 십자가 져야 할 때이다.
나는 죄 없다고 손 씻을 것 없다.

교회 때문이라고 손가락질하고
십자가에 못 박으라고 아우성치는
군중들 향해
우리는 아니라고 항변할 것 없다.

벌거벗겨지고
피투성이 되도록 얻어맞아도

십자가 지고 십자가 증언할 것 밖에
길이 없다.

북한산 비망록

길이 보이지 않으면 북한산을 걷는다.
길이 보이면 다시 북한산으로 달려간다.
길을 잃으면 북한산을 찾는다.
길을 찾으면 바로 북한산을 오른다.

북한산 길로 가는 길이다.

북한산은 내가 언제 올지 안다.
내가 가지 않아도 왜 안 오는지 다 안다.
숨소리만 듣고도 속생각을 알고
발자국 소리 들으면 어디가 왜 상했는지 다 안다.

내가 북한산 안에 있으나 밖에 있으나
북한산은 내 안에 있다.
가까이 보이는 곳에 있으나 이역만리 타국에 가 있어도
북한산은 항상 거기에 있다.
나는 북한산 안에 있다.

북한산 기도에 이르는 기도이다.

봄, 연분홍 누이 같은 진달래 능선 따라
여름, 태고사 파랗게 깊은 침묵의 바다
가을, 바람 구름 햇살 만나 곱게 물든 노적봉 넘어
겨울, 북풍한설 마음 시린 나한봉 피난처까지
한 발자국 두 발자국 눈물 고인 세월의 벽
신새벽 계명성 백운대 비추고
만경대 노을에 무지개 보인다.

북한산 순례자의 비망록이다.

너무 빨리 내려 왔어요

너무 빨리 내려왔어요. 십자가에서
내려오면 믿겠다는 마지막 유혹에
너무 쉽게 넘어갔어요.

돌로 빵 만들어 먹는 것이 기적이라 여기고
몰려오는 구경꾼을 능력이라 자랑하며
한 번만 엎드려 절하면 모두 다 준다는 장돌뱅이 전략
너무 쉽게 받아들였어요.

드디어 자기들 세상이 왔다고 어둠이 판치는 대낮에
불 뱀은 혀를 내밀어 물어뜯는데

이제 어찌해야 하나요?
다시 십자가를 질 수 있나요?

파도소리

새벽 미명
흑암이 깊음 위에 있을 때
조용히 귀 기울여 보라.
파도 소리 들리는가?
태초의 소리,
참과 거짓이 갈라지는 소리.

정오
태양이 정수리를 비출 때
온통 소음으로 가득한 시간에
정신 차리고 들어보라.
파도 소리 들리는가?
온갖 소음을 덮어버리는
은빛 찬란한 침묵의 소리,

해 거름
뉘엿뉘엿 슬픔이 몰려와 발을 씻을 때
조용히 겉옷 벗고 귀 기울여 보라
파도 소리 들리는가?
슬픈 쓰레기 다 쓸어가는 비질 소리
하루의 때 벗겨 내는 검붉은 비린내 소리.

한밤중
모두 잠자는 시간에
깨어 귀 기울여 보라.
파도 소리 들리는가?
밤새 토해내는 오물을 다 받아 삼키는 소리.

그 파도 소리 들려오거든
바닥에 엎드려 귀 기울여 보라
십자가 끌고 가는
피 묻은 숨소리
들리는가?

무엇을 어떻게 준비할 것인가?

복음이 복음 되게

    선교의 사전 작업을 단순화, 최소화하고 그 도구들을 정리할 필요가 있다. 그동안 복음 선교를 위해 복지와 문화 등을 도구로 사용해 왔다.

    그러한 도구들과 접촉점들을 적절하게 사용하는 것이 필요한 경우도 물론 있다. 그러나 접촉점을 준비하는데 비용과 시간을 다 쓰고 정작 복음은 전하지도 못하는 경우가 생길 수 있다. 코로나19 상황을 경험하면서 아무리 크고 좋은 건물도 소용이 없고 사람들의 관심을 끄는 다양한 프로그램도 결국에는 아무런 필요가 없게 된다는 사실을 알게 되었다.

이제 문화적 욕구들은 다양한 채널과 시장에 맡기고 그리고 복지사역 중에 복음을 위해 꼭 필요한 일들은 강화시키되 하지 않아도 되는 일들은 가능하면 정부 기구나 민간단체(NGO)의 역할 범위 안으로 넘기고 교회와 선교는 복음에 집중해야 한다.

지금 밭에 있는 자는 겉옷까지 챙기러 뒤로 돌이킬 시간이 없다.(마태복음 24:18)

관계와 공동체성 강화

이번 코로나19 사태를 통하여 그동안 너와 내가 어떤 관계였는지 확실히 밝혀졌다. 너와 나의 관계가 인격적이지 못하고 기계적이고 형식적이었다면 더 이상 보이지 않는 곳에서 굳이 온라인 영상을 통해서까지 서로를 만날 필요성을 느끼지 못했을 것이다.

그러나 너와 나의 관계가 인격적이었다면 서로 만날 수 없음을 안타까워하면서 온라인 접속을 시도하고 온라인에 영상물이나 메세지가 올라오기를 사모하며 기다릴 것이다. 평소에 교회 안에서 서로 간의 관계가 중요한 이유이다.

교회 안에서의 관계는 곧 하나님 나라에서의 관계로 연결 확장이 된다. 즉, 교회에서의 성도 서로 간의 만남과 교제는 하나님 나라에서 하나님의 가족으로 살아가기 위한 훈련이다. 훈련 없이 올림픽에서 면류관을 받을 수 없듯이 보이는 교회에서 성도의 만남과 교제의 경험이 없이 보이지 않는 하나님 나라의 잔치에 참여할 수 없을 것이다.

그런 의미에서 선교는 관계 맺기이다. 관계를 맺기 위해 언어를 배우고 관계의 깊이를 더 깊게 하려고 교재를 만들어 가르치고 만들어진 관계를 강하게 하려고 제자훈련을 하는 것이다. 그러한 기본적인 관계가 만들어진 후에는 형식적이고 율법적인 관계가 아닌 하나님 나라의 가족관계로 확장하기 위해 영적 치유와 삶을 나누는 코이노니아 친교도 필요하다.

코로나19로 떨어져 지내는 요즘 제자들로부터 온라인을 통해 수시로 연락이 온다. 이런 면에서는 인도와 한국의 물리적 거리(약 4,690km)는 느껴지지 않는다.

한번 복음으로 예수그리스도 안에서 하나님 나라의 유기적인 공동체 관계가 만들어지면 만나지 못하게 하고 모이지 못하게 하는 코로나19 같은 재난 상황 속에서도 물리적 거리나 공간은 큰 문제가 되지 않는다.

이미 같은 물리적 공간 안에서 서로의 땀 냄새를 참아가며 울고 웃었던 경험이 있었기에 지금 온라인 예배와 만남이 가능한 것이다.

언젠가 현재의 코로나19 보다 더 큰 환난이 어떤 모습으로 또 닥쳐올지 모른다. 그때를 대비하여 어떻게 하면 극심한 환난과 핍박 속에서도 깨어지지 않는 더 친밀하고 강한 인격적 영적인 관계를 바탕으로 한 하나님 나라 공동체를 건설할 수 있을지를 생각하고 준비해야 한다.

자립

이번 사태를 경험하면서 가장 많은 관심을 갖게 되는 점이 바로 자립이다. 진정한 자립을 위해서는 경제적 자립 이전에 먼저 정신적 영적으로 건강하게 스스로 독립하는 것이 필요하다.

카스트제도와 영국 식민지 시대의 영향으로 인도 교회는 자립에 대한 자신감과 의지가 약하고 대외 의존성은 너무 강하다. 따라서 진정한 자립은 카스트제도의 차별과 사회적 억압으로부터의 출애굽과 더불어 영국 교회 시대에 굳어진 관습과 그 영향으로부터의 단절이 필요하다. 나아가 계속되는 금송아지와 고깃 가마의 유혹으로부터 자유 할 때에 비로소 자립의 기초가 완성된다.

인도 교회의 자립은 외국인 선교사나 외국 교회를 통해서가 아니라 현지 교회 스스로 힌두스탄(Hindustan, 인도) 지역사회에 뿌리를 내리고 이웃 속으로 들어갈 때(Incarnation) 가능하다. 따라서 교회 행정과 전도 및 선교에 대하여 현지 사역자가 스스로 결정하고 책임질 수 있는 권한과 능력이 준비되어야 한다. 그 때에 비로소 자립을 위한 경제 사업을 시작할 수 있는 것이다.

자립을 위한 사업의 방향은 선교사 중심의 사업이 아니라 현지 사역자와 교회 중심으로 현지 사역자와 교회가 감당할 수 있는 규모의 사업이 되어야 한다.

경제 사업 내용을 선택함에 있어 중요한 것은 목회와 사업의 균형을 유지할 수 있고 나아가 전도와 선교의 접촉점이 될 수 있는 사업을 우선적으로 찾아야 한다.

구심력 선교

　코로나19 시대의 가장 큰 특징은 비대면(Untact)과 온라인 만남(Ontact)이다. 직접 만나서 서로 간에 관계를 맺거나 일을 하는 것이 아니라 만나지 않고 온라인이나 기타 가능한 방법으로 소통하고 관계를 맺고 또 일을 하는 것이다. 이것은 개인의 취향이나 삶의 방식의 차이를 넘어서는 불가항력적인 인류의 생존 양식의 패턴이 되어가고 있다. 이러한 패턴은 뉴 노말(New Normal)한 사고와 행동양식의 표준을 형성하게 할 것이고 새로운 국제무역과 비즈니스의 질서와 길이 만들어질 것이다.

　이러한 변화는 이미 선교 현장에도 예외 없이 일어나고 있다. 특히 인도처럼 개종금지법 등이 설치되어 있어 선교가 법적으로 금지되어 있어 그동안에도 직접 선교의 공간과 방법이 제한적이었던 국가에서는 근본적이고 전면적인 선교의 패러

다임 전환이 요구되고 있다. 기존의 선교 방법으로는 점점 설 자리가 사라질 것이다.

현지 교회와 사역자들의 영적인 리더십과 영향력을 최대한 깊고 넓게 강하게 해주는 방향으로 가야 한다. 선교사와 현지 사역자가 자주 만나지 못해도 영적인 관계를 유지할 수 있고 동시에 현지 사역자와 교회 성도들이 정기적으로 모이지 못할 지라도 서로 멀어지거나 잃어버리지 않고 사역자의 영적인 리더십과 영향력으로 교회 공동체가 유지되고 성장할 수 있어야 한다.

물질적 지원(Sponsor)을 매개로 관계를 맺고 프로그램으로 진행하는 선교는 한계에 이르렀다. 선교사는 느리고 힘들더라도 말씀(십자가 복음)을 중심으로 영적이고 인격적인 관계의 협력자 (Partner)로 다시 자리매김을 하여야 한다.

지구가 태양계의 꽤도를 벗어나지 않고 일정한 거리를 두고 태양의 둘레를 공전할 수 있는 것은 지구를 태양 중심으로 끌어당기는 중력이 구심력의 역할을 하기 때문이라고 한다.

이렇게 복음의 동역자 그리고 선교의 협력자(Partner)로 한번 관계가 맺어지면 그 관계는 구심력과 원심력의 작용으로 지구가 태양을 중심으로 공전하듯이 그리스도를 중심으로 각 선교지의 교회와 현지 사역자 그리고 선교사는 각각 자신의 꽤도와 위치에서 역할을 감당할 수 있을 것이다.

현지 사역자가 보다 강한 영적 지도력과 영향력으로 교회와 지역사회에서 구심력을 발휘하도록 지원하고 협력하는 선교에 집중해야 한다.

복음의 팬데믹 (Pandemic)

코로나19 국내 확진자 수가 조금씩 감소하면서 "생활 속 거리두기"를 통해 계속 조심하면서 교회들은 온라인 예배에서 대면 예배로 전환하고 있다. 그리고 여러 매체들은 앞다투어 각 분야의 전문가들을 통해 코로나19이후(Post corona19)에 대하여 전망하는 것이 유행하고 있다. 이구동성으로 머지않아 제2의 코로나19 같은 재난이 닥쳐 올 수 있다고 경고한다. 나름대로 일리가 있는 분석들도 있다. 이러한 전문가들의 분석과 경고 이전에 성경은 이미 우리에게 "깨어 있어 준비하라"고 여러 차례 경고하고 있다. 그동안에는 현재의 당면 과제들(부흥과 성장)에 집중하느라 이러한 경고를 먼 미래의 일로 여기고 아예 제쳐 두고 잊고 있었는지도 모른다. 이제는 목회와 선교의 관점을 현재에서 미래로 옮겨야 한다. 즉 종말론적 목회와 선교가 되어야 한다.

무엇을 어떻게 준비해야 하는가? 복음의 팬데믹을 준비해야 한다. "이 천국 복음이 모든 민족에게 증거 되기 위하여 온 세상에 전파되리니 그제야 끝이 오리라"(마태복음 24:14)

코로나19는 강하고 약삭빠른 전파력으로 국경과 민족의 장벽을 넘어 인종, 빈부귀천을 가리지 않고 온 인류를 죽음의 두려움에 가두어 버렸다. 그러나 이것은 죽음의 세력의 팬데믹일

뿐이다. 질병 바이러스인 코로나19도 이렇게 전파되는데 생명 바이러스인 복음이 왜 더 강력하게 전파되지 않겠는가? 복음의 능력이 약해지거나 사라진 것은 분명 아니다. 코로나19바이러스에 감염된 세상은 이제 말로 전하는 복음에 대하여 면역력이 생기고 내성이 생겼는지 모른다. 따라서 이제 화려한 말이나 어떤 흥미로운 프로그램으로 복음을 전하는 것은 분명 한계가 있고 더 이상은 불가능해 보인다.

십자가 복음을 행동하는 믿음으로 보여주어야 한다. 말과 혀로 하는 사랑이 아니라 십자가 지고 피 묻은 손과 발을 통해 십자가 사랑을 만지게 하고 보여 주어야 한다.

이제 제자들이 깨어 일어나 절망과 두려움에 갇혀 있는 힌두스탄(Hindustan)에 "사망아 너의 승리가 어디 있느냐? 사망아 네가 쏘는 것이 어디 있느냐?" 외치며 죽음을 이기고 부활하신 예수그리스도의 생명으로 십자가 사랑과 하나님 나라의 참 소망을 능력 있게 전파하게 되기를 간절히 소망한다.

그래서 수도 뉴델리를 중심으로 북인도 곳곳에 양육 받고 파송되어 천국 복음을 전파하고 있는 제자들에 의하여 복음의 팬데믹이 일어나기를 바라고 기도한다.

히말라야 난다데비 아래 딥뿌네 집이 있는 마지막 마을까지 천국 복음이 전파되면 그때에 끝이 올 것이다. 불가촉천민에서 브라만까지 구원받은 백성들이 갠지스강 가트(Ghat, 강가에 힌두교 의식을 위해 만들어 놓은 계단)에 함께 모여 떠오르는 하나님의 영광을 찬양하리라.

코로나19로 중단된 생태공동체 계획

처음 인도에 입국하던 때부터 이런저런 인연으로 만나 현재까지 교제하고 있는 신실하고 좋은 인도 친구들이 몇 명 있다.

그중에 비에스(B.S)라는 친구가 있다. 상류 카스트 신분 출신 대학교수이다. 그는 아주 독실하고 철저한 힌두교 신자이기도 하다. 매일 정한 시간에 힌두교 사원에 가서 뿌자(힌두교 제사의식)를 드릴뿐 아니라 자신의 집에도 신전이 있어 수시로 예물을 바치고 절을 한다.

그에게 인도말 힌디를 배웠다. 힌디를 배우면서 서로의 신앙에 대하여 토론을 하였다. 그때마다 그는 "성경에 나오는 진리와 이야기들은 이미 힌두교 경전 안에 다 들어 있다. 나는 예수 그리스도를 믿고 존경한다."라고 확신에 차서 말한다. 실제로 힌두교 안에는 아주 다양한 신들의 탄생과 영웅적인 활동 그리고 희생에 관한 이야기들이 있다. 그는 특별히 예수그리스도의 성육신과 십자가 사건을 말하면 눈을 반짝이며 힌두교 안에는 예수와 같은 역할을 하는 신이 하나가 아니라 여럿이라고 자랑스럽게 말한다.

즉, 힌두교 안에 모든 신들이 포함되어 있기에 굳이 다른 종교로 개종할 필요를 느끼지 않는다는 것이다. 힌두교는 대형 백화점이고 기독교는 수입품 한 가지만 파는 구멍가게 정도라는 생각이다.

그는 제법 큰 농장을 가지고 있고 농업에 대단한 관심이 있다. 틈이 나면 그의 농장에 가서 농업에 대하여 의견을 나누었다. 오늘날 인도의 농업 농민의 문제는 한국의 그 문제와 크게 다르지 않다. 농업이 왜 중요하고 그 중요한 일을 하는 농민의 삶을 어떻게 보장해 줄 수 있는지 토론을 하기도 했다. 토론의 주제는 유기농업을 통한 공동체 운동에 관한 것이었다. 이것에 대한 의견과 비전이 잘 맞아 구체적인 계획까지 세워 놓았는데 그가 외국 대학 초빙교수로 나가는 바람에 보류되었었다.

그 후로 한동안 연락이 끊겼다가 지난해 가을에 연락이 왔다. 외국에서 돌아와 교수직 은퇴를 하고 자신의 농장에서 본격적으로 농사를 시작하면서 연락을 한 것이다. 전에 나누었던 이야기들을 기억하고 이제 본격적으로 같이 일을 해보자고 제안하는 것이었다.

친환경 유기농으로 농사를 짓고 생산되는 유기농산물은 도시의 소비자 모임을 만들어 직거래로 유통하는 생산자와 소비자 공동체 운동에 대한 구체적인 계획을 세웠다. 그리고 판매 수익금으로 뉴델리에 처음으로 개척한 미뜨르 교회가 있는 지역의 가난한 학생들의 학업을 지원하는 공부방 운영과 장학사업을 하기로 했다. 배추와 무를 유기농으로 시험 재배하였는데 성공적으로 수확하여 몇몇 소비자들에게 나누어 주었더니 반응이 좋았다.

이러한 유기농업 공동체 사업에 대한 새로운 비전을 가지고 소비자들이 원하는 여러 가지 다양한 채소들 방울토마토, 깻잎, 상추 등의 씨앗을 구하여 파종해 놓았는데 그만 코로나19로 인하여 만남과 나눔이 중단되었다.

나는 비에스(B.S)를 통해 힌두교 지식인들 그리고 상류 카스트들의 사고방식과 삶을 조금 더 알게 되었다. 그는 나를 통해 한국인을 더 잘 알게 되었다고 하면서 자기가 전생에 한국인이었을 것 같다고 한다. 어떻게 아느냐고 했더니 "서로 심성이 많이 닮은 것이 그렇다"라고 하면서 구체적으로 제주도에서 태어났었다고 한다. 나도 비에스(B.S)를 만나면 고향 친구를 만난 것처럼 편하다.

그가 언젠가 나에게 한말을 기억한다. 내가 "힌두교 우상숭배의 원시성에 대하여 어떻게 생각을 하느냐?"라고 질문을 했을 때였다. "사람들이 아직 영적으로 어리기 때문에 각각의 처지와 영적 수준 맞게 보이고 만져지는 다양한 우상이 필요하다. 그러나 영적으로 성장하고 인도 사회가 발전하면 모든 우상은 필요 없어 사라지게 될 것이다."
그날이 언제 올까?

코로나19로 중단된 계획을 다시 시작할 수 있는 기회를 주신다면 유기농 생태 공동체 운동을 통하여 모든 피조물들이 썩어짐의 종노릇에서 해방되고 물이 바다를 덮음같이 여호와를 아는 지식이 충만하게 되는 날을 꿈 꿀 것이다.
그날에 수많은 우상들은 카스트제도와 함께 사라지고 차별 없는 하나님 나라가 이루어질 것이다.

문을 열어요

천민이라고 날 때부터 가난하다고
거절당한 나의 친구여 이리로 와요
당신은 천민, 하늘의 백성이오.

어서 와요 이제 괜찮아요.
병든 몸과 맘 뉠 곳 없는 나의 친구여
와서 고침 받을 자격이 있어요.

빨리 와요 더 늦기 전에
타는 목마름에 숨쉬기도 힘든 나의 친구여
와서 생수를 마셔요.

그냥 와요 빈손으로
얻어맞고 빼앗겨 가진 것 없는 나의 친구여
다 준비되어 있어요.

외로움에 울다 지쳐
메말라 갈라진 영혼들이여 어서 와요
문은 열려 있어요.

허기진 사랑 채울 길 없어
차라리 닫아 버린 텅 빈 마음들이여
지금 와요.

어서 문을 열어요.

――――――――――

+ 감염자가 폭증하는 인도의 코로나19 상황 속에서 제대로 치료를 못 받고 고통 당하는 가난
한 백성들을 위해 기도하며…

무증상자

코로나19에 감염이 되어도 그 증상이 나타나지 않는 사람들이 간혹 있다고 한다. 문제는 이러한 사람들 때문에 바이러스 감염 경로를 알 수 없어 방역에 어려움이 있다는 것이다. 증상이 없으니 본인도 치료를 받을 수 없을 뿐 아니라 다른 사람들에게 전염되지 않도록 조치를 취할 수도 없다. 따라서 이러한 무증상자가 바이러스를 전방위적으로 퍼뜨리는 사람이 되는 것이다.

다른 사람에게 전파를 시키고 사회에 영향을 끼친다는 점에서 코로나19 바이러스와 복음에는 유사점이 있다. 코로나19는 사람을 죽음에 이르게 하는 질병 바이러스이지만 복음은 사람을 구원에 이르게 하는 생명 바이러스이다.

코로나19 확진자가 다른 이들과 어떤 경로를 통해서든 접촉을 하면 바이러스는 아주 교활하게 전파가 되고 감염 시켜서 접촉된 사람을 질병에 걸리게 하고 심한 경우 사망에 이르게까지 한다.

그러나 먼저 복음을 받아들이고 믿어 구원을 얻은 사람이 다른 사람과 접촉하게 되면 복음은 믿음을 통해 전파되어 생명에 이르게 한다. 복음은 죽음을 이기는 생명이기 때문이다.

그런데 만일 복음을 믿고 구원을 받았다고 하는 사람이 다른 사람을 만나고 함께 생활을 하는데도 복음이 전파되지 않는다면 무엇이 문제인지 점검을 해보아야 한다. 복음의 능력이 이전에 비하여 약해지거나 사라진 것은 아닐 것이다. 즉 자신은 복음을 받아들여 믿고 있다고 생각을 하는데 자신에게 어떤 변화가 일어나지 않고 자신과 접촉하는 사람들에게도 아무런 영향을 주지 못한다면 자신이 정말로 복음을 믿고 있는 것인지 스스로 돌아보아야 할 것이다.

물론 사회적으로 복음에 대한 강한 면역력이 생겼을 수도 있다. 복음을 믿고 변화된 사람이 아무리 진정성을 가지고 살면서 복음을 전파하여도 아무런 반응이 없을뿐더러 오히려 역효과가 일어나 복음을 전파하는 이들을 조롱하고 핍박하기도 할 것이다.

지금 코로나19 국면에서 교회가 사회에 위로와 치유 그리고 희망의 메시지를 주지 못하고 오히려 걱정과 피해를 끼치고 있다는 비난과 함께 조롱을 당하는 현실에서 복음전도자들과 선교사들은 자신을 점검해 보아야 한다.

언제 어디서 떨어져 나가 처음 사랑을 잃어버리지는 않았는지? 너무 쉽게 자본주의 성공신화를 받아들이고 성장을 위해 그 마케팅 전략을 복음 선교에 섞지는 않았는지?

코로나19의 무증상자는 있을 수 있지만 복음의 무증상자는 있을 수 없다. 코로나19라는 뜨겁고 고통스러운 풀무불에 담금질 되어 완전히 새로운 존재로 다시 빚어져야 한다. 길에 버려져 밟히기 전에 짠맛을 회복해야 한다.

점점 더 그리워지는 사람

세월이 지나갈수록 점점 더 보고 싶은 사람이 있다.
만날 수 없으니 사무치게 더 그리운 사람이 있다.
나의 마음에 소리 없이 다녀간 사람
나의 영혼에 소리를 남긴 사람

기억력이 흐려질수록 더 또렷이 기억되는 사람이 있다.
기억이 끊긴 벼랑 끝에서 만났던 사람
끝까지 함께 갈 사람이 있다.
이런 일 저런 일로 하나 둘 소리 없이 멀어져 가도
더 가까지 다가오는 사람이 있다.

나에게 생명을 준 이
첫사랑

하나님의 하프타임 (Half Time)

　코로나19 팬데믹으로 대륙과 대륙을 이어주고 나라와 나라 사이를 오가던 비행기들이 멈추어 섰다.
　코로나19는 비행기를 비롯한 모든 교통수단의 운항을 막았을 뿐 아니라 모든 인간의 경제활동과 소비활동을 일시적으로 멈추게 하였고 나아가 문화와 여가생활에도 제약을 가져왔다. 마침내는 종교 집회와 모임도 중단된 지 오래다.
　최첨단의 문명의 발전과 경제성장을 위해 무분별한 개발과 무한 경쟁적으로 소비를 부추기며 멈출 줄 모르고 휘몰아치던 광풍이 그치고 폭풍전야의 정적이 온 지구를 감싸고 있다.
　창조질서를 지키고 그 질서에 따라 피조 세계를 운행하려는 창조주의 의지와 인간의 욕심과 교만을 부추겨 창조질서를 깨뜨리고 우주를 파괴하려는 어둠의 세력이 코로나19 팬데믹 전선에서 팽팽하게 맞서고 있다. 재창조를 위한 하나님의 작전시간(Half Time)이다.

　하나님은 새로운 작전을 펼치실 것이다. 어떤 작전을 내리시든지 그 작전을 수행할 준비를 해야 한다. 적어도 지금까지와 같은 작전으로는 안 될 것이다. 너무 경기 자체에 몰입한 나머지 경기의 목적도 잊어버리고 경기의 규칙도 무시하다가 적들의 작전에 말려들어 가고 말았다. 그래서 막판에는 내가 어느

편인지도 헷갈리는 아수라장이 되어 버렸다.

　더 이상은 안 되겠기에 멈추게 하셨는지도 모른다. 이제 전적으로 다른 작전과 방법으로 다시 시작해야 한다.

　하프타임은 계속되지 않는다. 곧 마지막 쿼터가 시작될 것이다. 마음의 허리를 동이고 신발 끈을 고쳐 매야 한다. 무엇보다 성령의 검을 챙기고 하나님의 말씀으로 무장해야 한다.

코로나19 참회록

먹지 말아야 할 열매를 먹고 말았다.
그 열매 영혼 깊이 파고들어 온갖 바이러스의 숙주가 되었다.
이미 받은 열매들로 부족함이 없었는데 결핍의 씨를 덧뿌렸다
여기저기서 가시덤불과 엉겅퀴 싹이 걷잡을 수없이 뚫고 나
온다.
내 영혼의 황무지에서도 우후죽순 튀어나온다.

무화과나무 이파리 벗기시고
어린양 피 흘려 그 가죽 입혀 주셨다.
그 가죽옷으로 온갖 부끄러움 가리고도 남았는데
죄에 눈이 밝고 욕망에 눈이 멀어
이제 온갖 짐승 가죽 다 벗겨도 그 부끄러움 가릴 수 없는
벌거숭이가 되었다.

태초부터 흐르는 4대강 온 세상을 살리는 젖줄 되었다.
누구나 마시기에 부족함이 없었다.
욕망의 댐 처처에 막더니 생명수는 마르고
바이러스 살아나 바람보다 빠르게 퍼져
뱀보다 교활하게 혀를 내민다.

코로나19 참회록2

나는 항상 왼쪽에 있었다.

당신이 배고파 먹을 것을 찾을 때
나에게는 남겨둔 떡이 있었다.
그때 당신에게 주어야 함을 알았지만
혹시 모를 필요를 위해 모른 척하였고
그 떡은 딱딱하게 굳어 곰팡이가 폈다.

당신이 목말라 한 모금의 물이 긴급히 필요할 때
나에게는 목욕할 물도 있었다.
그때 나는 언제 다가올지도 모르는 가뭄을 걱정하며
나에게 물이 있음을 알리지도 않았다.
그리고 다음날 소나기가 내리고 홍수가 났다.

나그네 된 당신이 갈 곳 없어 외로울 때
나에게는 넉넉한 빈방이 하나 있었다.
그러나 세상일에 분주하고 욕심으로 꽉 찬
나의 마음에는 당신에게 내어줄 공간이 없었다.
맘 빗장 걸어 잠그고
들짐승 울부짖는 밤이 새도록 당신을 문밖에 세워두었다.

동이 트자 당신은 햇살과 함께 어디론가 사라져 갔다.

당신이 거리에서 추위에 떨고 있을 때 나의 따뜻한 방에는
사용하지 않는 담요가 포개져 있었다.
당신에게 갖다주어야지 겨우내 생각만 하다가
여름이 왔다.

더위와 추위를 막아주는 당신의 단 한 벌 그 옷이
해어져 누더기가 되어갈 때
나에게는 입지 않는 옷들이 옷장에 묶여 있었다.
나의 게으름과 무관심은 너의 필요 보다 더 두꺼웠다.

당신이 병들어 누군가의 위로와 돌봄이 필요할 때
나는 애써 하잖은 일에 몰두하였다.
한가하지 않은 사람임을 증명을 해야 했다.

나는 항상 왼쪽에서 서성거리며 살았다.
그것이 정의라고 여겼다.

지금 멈추고 돌아보니
눈에 띄게 왼쪽으로 기울어져 있다.

오른쪽으로 건너갈 수 있을까?

멈추니 보이다

사방팔방 밤낮없이 거미줄 치던 비행기들 멈추니
양떼구름이 지나고 은하수가 흐른다.
쉴 새 없이 토해 내던
공장 굴뚝 막으니
지평선이 열리고 히말라야가 보인다.

욕심을 막으니 마음이 열리고
교만을 멈추니 하늘이 보인다.

벽을 뚫고 태어난 아기

지난 7월 16일 뉴델리에서 사역하고 있는 짠드로부터 기쁜 소식이 왔다. 아들을 낳았다는 것이다. 결혼을 일찍 하는 인도인들의 관습으로 볼 때 짠드는 비교적 늦게 결혼을 한 편이다. 힌두교 인구가 절대적으로 많은 인도에서 마음에 드는 기독교인 배필을 만나 결혼하기는 하늘의 별 따기처럼 쉽지 않은 일이다.

짠드는 신앙생활하는 한 자매를 어렵게 만나 교제를 시작했지만 힌두교 가문인 자매의 가정에서 완강하게 반대하였다.

힌두교인 끼리도 같은 카스트가 아니면 결혼할 수 없고 같은 카스트 내에서도 양쪽 가문 간의 합의가 이루어지지 않으면 아무리 본인들이 원하여도 결혼할 수 없는 것이 현실이다.

그런데 종교도 다르고 카스트도 다른 기독교 목사에게 딸을 시집보낸다는 것은 거의 불가능에 가까운 일이다. 그렇다고 경제적으로 여유가 있는 것도 아니니 신부의 부모를 설득시킬 특별한 묘책이 없어 기도하며 기다려야 했다.

사역을 위해서는 빨리 결혼을 해야 하는데 넘기 어려운 두꺼운 벽이 겹겹이 가로막혀 있는 것이다. 그렇게 대책 없이 2년을 지내던 어느 날 자매의 부모가 결혼을 허락했다는 뜻밖의 소식이 들려왔고 곧바로 조촐한 결혼식을 올리게 되었다. 결혼 예식은 간단하고 조촐했지만 손을 맞잡고 서약하는 신랑신부의 표정에는 하늘의 기쁨이 넘쳐났고 모든 성도들은 자신의 집에 경사가 난 것처럼 기뻐하며 축복했다. 결혼 후 짠드의 아내는 임신 중에도 생계를 위해 다니던 햄버거 가게에서 계속 일을 해야 했다. 코로나19가 무서운 기세로 확산되던 때 예정일보다 한 달 일찍 아기가 태어나게 되어 걱정을 했지만 산모도 아기도 모두 건강했다.

아기의 탄생은 코로나19로 모든 것이 정지되어 우울한 날들을 보내고 있는 양쪽 가문과 교회 성도들에게 큰 기쁨을 주었다. 특히 딸을 시집보내는 날 결혼식에도 오지 않던 부모들이 손자가 태어났다는 소식을 듣고는 누구보다 크게 기뻐했다고 한다. 이렇게 새 생명의 탄생은 종교와 신분의 차이와 벽을 넘어 기쁨을 주는 신비한 힘이 있다.

높고 두꺼운 벽을 뚫고 태어난 아기가 자라면서 힌두교 가문인 외갓집과 기독교 가문인 아버지 집 사이에 아직도 남아 있는 높은 벽을 허물고 두 가문을 그리스도 예수 안에서 하나가 되게 하리라 믿는다.

아기가 안전하고 건강하게 자라나서 걸음마를 시작할 때는 코로나19 걱정 없이 마음껏 세상으로 나아갈 수 있기를 기도한다.

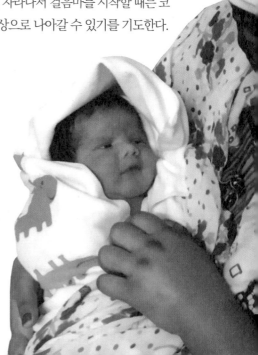

04

예수의 십자가, 나의 십자가

나보다 낮은 자가 없는 데까지 내려가는 것이다.
아무도 보이지 않는 저 꼭대기까지
가진 것의 무게가 없어질 때까지 내려가는 것이다.
나의 무게도 없어지도록…

고난의 종

그는 주 앞에서 자라나기를 연한 순 같고 마른 땅에서 나온 뿌리 같아서 고운 모양도 없고 풍채도 없은즉 우리가 보기에 흠모할 만한 아름다운 것이 없도다. 그는 멸시를 받아 사람들에게 버림받았으며 간고를 많이 겪었으며 질고를 아는 자라. 마치 사람들이 그에게서 얼굴을 가리는 것 같이 멸시를 당하였고 우리도 그를 귀히 여기지 아니 하였도다.

그는 실로 우리의 질고를 지고 우리의 슬픔을 당하였거늘 우리는 생각하기를 그는 징벌을 받아 하나님께 맞으며 고난을 당한다 하였노라.

그가 찔림은 우리의 허물 때문이요 그가 상함은 우리의 죄악 때문이라. 그가 징계를 받으므로 우리는 평화를 누리고 그가 채찍에 맞으므로 우리는 나음을 받았도다. 우리는 다 양 같아서 그릇 행하여 각기 제 길로 갔거늘 여호와께서는 우리 모두의 죄악을 그에게 담당 시키셨도다.

이사야 53:2-6

क्योंकि वह उसके साम्हने अंकुर की नाईं, और ऐसी जड़ के
समान उगा जो निर्जल भूमि में फूट निकले; उसकी न तो
कुछ सुन्दरता थी कि हम उसको देखतें, और न उसका
रूप ही हमें ऐसा दिखाई पड़ा कि हम उसको चाहते ।
    वह तुच्छ जान। जाता और मनुष्यों का त्यागा हुआ
था; वह दु:खी पुरुष था; रोग से उसकी जान
पहचान थी; और लोग उस से मुख फेर लेते थे ।
वह तुच्छ जाना गया, और, हम ने उसका मूल्य
न जाना ॥
    निश्चय उसने हमारे रोगों को सह लिया और
हमारे ही दु:खों को उठा लिया; तौभी
हम ने उसे परमेश्वर का मारा-कूटा और दुर्दशा
में पड़ा हुआ समझा ।
    परन्तु वह हमारे ही अपराधों के कारण
घायल किया गया, वह हमारे अधर्म के कामों के
हेतु कुचला गया; हमारी ही शान्ति के लिये
उस पर ताड़ना पड़ी कि उसके कोड़े खाने
से हम चंगे हो जाएं ।
    हम तो सब के सब भेड़ों की नाईं भटक
गए थे; हम में से हर एक ने अपना अपना
मार्ग लिया; और यहोवा ने हम सभों के
अधर्म का बोझ उसी पर लाद दिया ॥

215

십자가 위의 예수

아버지 저들을 사하여 주옵소서 (누가복음 23:34)

지금 여기,
십자가 위에서,
생명을 던지는 마지막 일만 남아 있다.
이 일을 위해 세상에 왔고 이 일을 위해 살았고
이 일을 위해 목숨을 바친다.
살아온 삶으로 하는 말씀,
아버지 저들을 사하여 주옵소서.

목숨 바쳐 하는 말씀,
용서.
목숨 바쳐 되는 일.

오늘 네가 나와 함께 낙원에 있으리라 (누가복음 23:43)

뜻밖의 소식,
누구에게나 낙원은 열려있다.

기막힌 역전,
죽음에 직면하여 새 생명을 얻다.

은혜의 공의,
지금 여기 십자가 위에서 경험하는 낙원이 영원한 낙원이다.

여자여 보소서, 당신의 아들입니다 _(요한복음 19:26)

당신의 태중에 잉태되면서부터 근심거리였습니다.
태어나면서 고생 덩어리였습니다.
그러나 당신은 노래했습니다.

"내 마음이 하나님 내 구주를 기뻐하였음은
그의 여종의 비천함을 돌보셨음이라.
보라, 이제 후로는 만세에 나를 복이 있다.
일컬으리로다."
당신은 슬픔을 기쁨으로 비천함을 복으로 바꾸셨습니다.
하늘의 별이라도 따다가 달아주려 하셨습니다.

성전으로 빈들로
잃어버린 아들 찾느라 애간장을 다 태웠습니다.
귀신들렸다는 소문에 눈앞이 캄캄했습니다.
어머니 당신의 속은 이미 그때부터 시커멓게 타기 시작했습니다.

일하다 손가락을 베이기만 해도 밤잠을 못 이루시던 어머니
당신께 온몸이 피투성이 된 모습을 보여드렸으니
얼마나 살과 뼈가 떨리셨습니까?
온갖 조롱 당하는 소리를 어떻게 다 들으셨습니까?

아들에게 침 뱉는 무리에게
"차라리 나에게 침을 뱉으라."
아들의 뺨을 치는 무리에게
"나의 뺨을 치라."
길바닥에 주저앉아 피눈물 삼키십니다.

온갖 험한 꼴 다 보여드리고
당신 앞에서 마지막 숨을 토해 내었습니다.
당신의 가슴에 묻었습니다.

따뜻한 밥 한 끼 지어드리지 못했습니다.
소박한 치마저고리 한 벌 지어드리지 못했습니다.
당신 앞에 어쩔 수 없는 불효자입니다.

당신 주신 이 몸 부활의 꽃으로 피어나리니
그 첫 열매 당신 손으로 받아 찬미의 제사를 영원히 드리소서.

"능하신 이가 큰일을 내게 행하셨으니
그 이름이 거룩하시다."

여자여, 이제 당신은 만세에 복 있는 어머니입니다.
여자여, 보소서!
영원한 당신의 아들입니다.

엘리 엘리 라마 사박다니 (마태복음 27:46)

"나의 하나님 나의 하나님, 어찌하여 나를 버리셨나이까?"

십자가 위의 십자가
십자가 중의 십자가
십자가 끝의 십자가

내가 **목마르다** (요한복음 19:28)

마지막 피 한 방울까지 남김없이 다 쏟았으니
목이 마르다.
다 쏟아
정결한 빈속에 목이 마르다.

수치를 가리던 속옷까지 다 벗어 내주었으니
목이 탄다.
더 채우려는 욕망에 허기진 목마름이 아니라
더 줄 것 없이 충만한 목마름이다.

목숨까지 버렸으니
목이 마르다.
더 버릴 것 없는 목마름이다.

죽음을 넘어 서는 마지막 숨 가쁨이다.

다 이루었다 (요한복음 19:30)

다 이루었는데
나는 못 믿겠다.
자꾸 뒤를 돌아본다.
롯의 아내처럼…

눈을 들어 위를 바라보라 한다.
장대에 매달린 놋 뱀을 바라보기만 하면 된다.
그런데
자꾸 아래만 본다.
좌우를 살핀다.
뱀에 물린 군중 속에서…

다 이루었는데
아직 아니라고 계속 고집을 부린다.
떠나온 애굽을 끊임없이 그리워한다.
고깃가마 비린내를 잊지 못한다.

이미 다 받았는데
질기게 하나의 열매에만 집착을 한다.
저주보다 독하고 죽음보다 캄캄한 선천적 결핍증이다.

새 하늘과 새 땅을 펼쳐 보여주는데
틈만 나면
이전 하늘과 바다를 향한다.
불치의 향수병이다.

부활의 새 계절이 와도
새것이 되었다고 흔들어 깨워도
사시사철 미련하게 헌 옷을 벗지 못한다.

오호라 나는 비참한 사람이로다.
이 질기고 낡은 옷을 언제 벗을 수 있을까?

언제 다 이룰 수 있을까?

내 영혼을 아버지 손에 부탁하나이다 (누가복음 23:46)

목숨 바쳐 드리는
생명의 기도
기도할 수 없을 때 드리는
기도의 기도
어둠 속에 드리는 빛의 기도

지금 드리지 않으면 그날 드릴 수 없는
매일의 기도

나를 멈추는 순종의 기도
죽음을 이기는 부활의 기도

왜 산으로?

우리의 왕이 되어 주소서!
떡과 물고기를 배불리 먹고
공짜의 맛을 알게 된 무리들이 몰려 들었다.
번영이 성공이라! 성장이 축복이라!
로마를 넘어서는 왕국을 세우지 왜 못하랴?
그들을 뒤로 하고 왕좌가 아닌 산으로 올라갔다.

할 만 하시거든 이 잔을 내게서 지나가게 하소서!
땀이 핏방울 같이 떨어지는 번민
깨어 있는 자 아무도 없는 고독
"아버지의 원대로 하옵소서!"
샛별이 뜨기까지 산에서 내려오지 않았다.

네가 왕이라면 십자가에서 내려와 보라!
그러면 믿겠단다.
목숨을 건 마지막 타협이다.
끝내 침묵하며 아버지의 손에 영혼을 맡기다
육신의 숨이 끝난 후에야 산을 내려 왔다.

나의 십자가

무리와 제자들을 불러 이르시되 누구든지 나를 따라오려거든
자기를 부인하고 자기 십자가를 지고 나를 따를 것이니라.
누구든지 자기 목숨을 구원하고자 하면 잃을 것이요.
누구든지 나와 복음을 위하여 자기 목숨을 잃으면 구원하리라.

마가복음 8:34-35

मरकुस 8:34-35

उस ने भीड़ को अपने चेलों समेत पास
बुलाकर उन से कहा, जो कोई मेरे पीछे आना
चाहे, वह अपने आपे से इन्कार करे और
अपना क्रूस उठाकर, मेरे पीछे हो ले ।
    क्योंकि जो कोई अपना प्राण बचाना चाहे
वह उसे खोएगा, पर जो कोई मेरे और
सुसमाचार के लिये अपना प्राण खोएगा, वह
उसे बचाएगा ।

십자가는 떠나는 것이다

고향을 떠나는 것이다.
이른 새벽 동이 트기 전에 훌쩍 떠나는 것이다.
길 없는 광야로 무조건 떠나는 것이다.

아비 집을 떠나 나그네가 되는 것이다.
이산 저산 떠도는 바람이 되는 것이다.

처자식의 곁을 떠나 구름이 되는 것이다.
바람 타고 흐르다 소나기 되어 땅에 떨어져 스며드는 것이다.

십자가는 이 땅을 떠나는 것이다.
모두 다 버리고 맨몸으로 하늘에 새처럼 매달리는 것이다.

십자가는 내려가는 것이다

나보다 낮은 자가 없는 데까지 내려가는 것이다.
아무도 보이지 않는 저 꼭대기까지.
가진 것의 무게가 없어질 때까지 내려가는 것이다.
나의 무게도 없어지도록.

십자가는 견디는 것이다

십자가는 나를 견디는 것이다.
내가 원치 않는 나를 그래도 견디는 것이다.
십자가는 너를 견디는 것이다.
나와 다른 너를 그대로 견디는 것이다.

십자가는 조롱과 멸시를 견디는 것이다.
고립당한 고독함을 견디는 것이다.
십자가는 죽음 같은 슬픔과 절망을 견디는 것이다.
자유의 아침이 올 때까지
치 떨리는 어둔 밤을 혼자서 견디는 것이다.

십자가는 져 주는 것이다

내가 지지 않아도 되는 사람에게도 져 주는 것이다.
아버지가 자식에게 져 주는 것이다,
이길 수 있지만 자식을 위해 져 주는 것이다.
지지 않아도 되지만 자식을 살리기 위해 지는 것이다.

내가 너에게 져 주는 것이다.
힘이 없어서 지는 것이 아니라
너를 살리기 위해 내가 죽는 것이다.

십자가는 짐을 지는 것이다

아무도 지지 않는 짐을 지는 것이다.
누군가는 져야 하는 짐을 지는 것이다.

십자가는 짐을 져 주는 것이다.
너의 짐이 너무 무거워 일어나지 못할 때
짐을 짊어져 주는 것이다.

그냥 묵묵히 지는 것이다.

십자가는 한 번 지는 것이다

십자가는 산 자가 지는 것이다.
죽는 것이다.
죽은 자는 십자가를 질 수 없다.

십자가는 한 번 지는 것이다.
모든 것을 다 버리는 것이다.
다 버린 자는 더 버릴 것이 없다.

십자가는 노래하는 것이다

가난을 노래하는 것이다.
텅 빈 마당에서 거침없는 목소리로
세상을 가득 채우는 것이다.

슬픔을 노래하는 것이다.
가슴 깊이 파고드는 아픔 따라 다리를 절고 팔을 저으며
눈물 젖은 춤을 추는 것이다.

외로움을 노래하는 것이다.
사방으로 가로막힌 바람벽 넘어 홀로 날아가는 것이다.

절망을 노래하는 것이다.
더 이상 내려갈 곳 없는 구렁텅이의 바닥을 치는 것이다.

어둠을 노래하는 것이다.
아무것도 보이지 않는 자궁 속 깊이에서 꿈틀거리는 것이다.

죽음을 노래하는 것이다.
더 이상 바랄 것 없고 줄 것도 없는 창공에서
부활의 춤을 추는 것이다.

십자가는 특권이다

누구에게나 십자가가 있다.
누구나 십자가 지지는 않는다.
십자가는 선택이요 결단이다.

아무든지 부름과 초대는 받았다.
아무나 십자가 지지는 못한다.
십자가는 특권이요 영광이다.

지리산에서 히말라야로

예수를 따르는 길이
많기도 많아 보이더니
내게는 오직 한 길만 남았다.

강의는 다 끝나고 모두 돌아갈 시간인데
허전함에 두리번 거리다
텅 빈 강의실 구석에 외롭게 혼자 남아 누군가를 기다리는
그와 눈이 마주치고 말았다.

"고난의 종"

다시는 그를 만나지 말자 결심을 하고
강의실을 빠져나와 매일 체류가스 자욱한 거리로 나갔다.
밤이 깊도록 걷고 또 걸었다.

새벽이 다가오는 무렵
이제는 돌아갔겠지 하고 돌아서는데
차가운 거리 모퉁이에서 누군가를 찾아 서성이는
그의 뒷모습을 보고 말았다.
밤이슬에 머리가 젖어 있었다.

다시 그를 만나면 안되겠다 싶어 서울을 떠나
산으로 갔다.
눈 덮인 대청봉으로
비 내리는 천왕봉으로
그를 피하여 도망을 다녔다.

그러나 그는 폭설로 길이 끊긴
수렴동 골짜기에서 장작불을 지피고
불어난 계곡물로 고립된 빗점골 모퉁이에서
차를 끓이며 나를 기다리고 있었다.

그날 만난 고난의 종은 히말라야 난다데비 마지막 마을
말라리(Malari) 황무한 거리에서
*짜이를 끓이고 있다.

나는 그와 매일 짜이를 마신다.

_____

***짜이**(Chai) : 홍차와 우유 그리고 마살라(향신료)등을 넣고 끓이는 인도 차

길이 산이다

길 끝에 산이 있고 산 너머 길이 있다.
산은 길이고 길이 산이다.
길이 산이다.
산이 길이다.

마조히스트인가?

삶의 목표 "고난의 종" 본받고 따르기
실천방법 그의 남은 고난을 나의 육체에 채우기
자존감의 근거 십자가
생활양식 가난
주거 형태 유목민
내면세계 고독

이렇게 살도록 부름을 받았다.
이것이 소명이라 여기며 살았다.
이 길뿐이라 고집하며 여기까지 왔다.

마조히스트인가?
어느 날 갑자기 이 질문이 나를 흔든다.

십자가 선택인가? 필수인가?
주위를 둘러보며 머뭇거린다.
아무려면 어쩌랴? 여기까지 왔는데

그래도 괜찮다.
사랑하는 고난의 종 따를 수만 있다면.

나는 왜 고난의 종 예수를 따르는가?

사람의 소리가 들리지 않아 방황하던 때
골방 어둠 속에서 그의 음성을 들었다.
"나는 너를 사랑한다."
빈들과 산에서 그의 발자국을 보았다.
"너는 나의 뒤를 따르라."

나는 왜 고난의 종 예수를 따르는가?
그의 손과 발에 난 못 자국과 옆구리의 창 자국을 만져 보았다.
그의 사랑을 받았다.
목숨까지 내어준 큰 사랑을 받았다.
돌이킬 수 없을 만큼.

그때,
나는 그를 알았다.
그가 나를 안다는 사실을 알았다.

왜 고난의 종 예수를 떠나지 못하는가?
혼자 산으로 올라가는 그의 쓸쓸한 뒷모습을 보았다.
마음 나눌 한 사람 찾지 못하고
밤새 부르짖는 그의 고독한 소리를 듣는다.

계속 고난의 종 예수를 따를 것인가?
하루에 세 번씩 질문을 한다.
나는 아직도 고난의 종 예수를 사랑하는가?
기름 떨어져 가는 등잔처럼 깜박 거린다.
자꾸 옆을 보고 뒤를 바라본다.

온 세상이 멈추어 서 있는 이 차가운 새벽에
부활하신 고난의 종의 그 음성을 다시 듣고 싶다.
"내 양을 먹이라"

그가 피운 숯불 그 열기가 몸서리치게 그립다.

외 길

나는 그때 왜 예수를 따르기로 결단했는가?
사랑에 대한 사랑이었다.
그때 멀어져 가는 사람들과 사라지는 세계가 생기기 시작했다.
길은 좁아지고 고독은 늘어갔다.
나는 그때 이미 세상이 원하는 길을 포기했다.

나는 그때 왜 꽝나루로 갔는가?
부르심에 대한 응답이었다.
그때 부모 형제 일가친척들이 모두 반대했다.
"보통으로 예수 믿으면 안 되겠느냐?"라고 하면서
나는 그때 자식의 길을 포기했다.

나는 그때 왜 삼고리(三顧里)로 내려갔는가?
고난의 종을 따르기 위함이었다.
그때 나를 아는 선배 동료들이 말렸다.
"한번 내려가면 다시는 올라오지 못할 것이다"라고 하면서
나는 그때 올라가는 길을 포기했다.

나는 그때 왜 인도양을 건너 인도로 갔는가?
첫 소명 그것과 타협으로부터의 도망이었다.

그때 아내가 극구 반대했다.
"한국이라면 어디든 갈 것이고 무엇이든 하겠다"라고 하면서
나는 그때 지아비의 길을 포기했다.

더 이상 나를 말리는 사람은 없다.
거의 다 왔나 보다.
한 길만 남았다.
나도 나를 말릴 수 없는 길,

그 길은 포기할 수 없다.

변호인

누가 나의 변호인이 될 수 있는가?

네가 나의 변호인이 되기에는 너의 짐이 너무 많다.
내가 나의 변호인이 되기에도 나의 짐이 너무 많다.

침묵만이
나의 변호인이다.

딸아 아들아

아빠의 딸과 아들로 태어난 너희들, 목사의 자녀(PK) 그리고 선교사의 자녀(MK)라는 평범하지 않은 색깔의 이름표를 달고 살아오느라 수고가 많았다.

딸은 딸대로 아들은 아들대로 너희들의 마음과 취향에 맞는 다양한 색깔과 모양의 옷을 입고 마음껏 자랑도 하면서 자유롭게 자라났어야 하는데 그러지 못하고 이미 정해진 색깔과 짜맞추어 만들어진 옷만 입고 지내느라 겪은 남모르는 아픔이 많이 있을 것이다.

그런데 너희들이 선택하지 않은 잘 맞지도 않는 옷을 입고서도 잘 자라주었구나. 아주 낯선 선교지에서 우리 가족은 신분을 감추고 투명 인간처럼 살아야 하는 상황이었기에 너희들은 이중 삼중으로 정체성의 혼란을 겪느라 감당하기 어려운 청소년기를 보냈을 것이다.

존재감을 드러낼 수 없어 숨 막히는 감옥 같은 상황 속에서 좌로도 우로도 치우치지 않고 맨몸으로 잘도 견디어 내었구나. 그러느라 속으로 곪은 모든 상처들을 고스란히 끌어안고 오랜 기간 떠나 있다 다시 돌아와 더 낯설어진 한국 땅에서 엄마 아빠 없이 정착하느라, 한국어를 다시 배우고 한국생활을 다시 익히느라 서러움에 흘린 눈물이 얼마나 많았을까?

이제는 세월이 지나 마음의 상처들에 딱지가 생기고 아팠던 날들을 돌아볼 수 있는 여유가 조금 생겼는지 모르겠다.

어느덧 너희들은 성년이 되어 너희들 각자의 삶을 준비하고 살아가야 할 때가 되었구나. 너희들은 이미 각각 살아갈 방향을 정하고 그 길로 나아가는 중에 있으리라 믿는다.

딸아, 아들아!

너희들이 보고 있듯이 아빠는 하나님께 부름 받은 일이 있어 그것을 지키느라 이 길을 가고 있다. 하지만 너희들은 꼭 아빠와 같은 길을 가지 않아도 하나님께서 너희들에게 주신 달란트를 잘 활용해서 소명의 길을 자유롭게 찾아가면 된다. 그리고 어떤 길을 선택하고 어떤 방법으로 살아가더라도 그 삶이 하나님께 드려지는 삶이면 되는 것이다.

아빠가 너희들에게 물려줄 수 있는 것이 하나 있다면 그것은 바로 '하나님께 온전히 산제사로 드리는 삶'이란다. 그것밖에는 물려줄 것 없는 아빠의 삶 자체가 너희를 위한 유산이고 유언이 되기를 바라는 것이 솔직한 마음임을 미리 밝혀 둔다.

아빠가 살아온 삶 그리고 너희들에게 들려주고 보여준 것들이 너희들에게 어떤 씨앗이 되어 뿌려졌을지 그래서 어떤 열매가 열리게 될지 생각하면 설레며 두렵기도 하다.

딸아, 아들아!

우리 가족은 오랜만에 만나거나 중요한 일이 있으면 항상 함께 산으로 올라갔었지. 그동안 참 많은 산을 올랐던 것 같다. 함께 산을 오르며 울고 웃던 모든 경험들이 기초체력이 되어 그것을 바탕으로 너희들은 엄마 아빠와 함께 올라갔던 봉우리들

보다 더 높은 새로운 봉우리로 올라가게 될 것이다.

너희들은 넉넉히 해 낼 것으로 믿는다. 너희들은 이미 북인도에서 험하고 높은 히말라야의 아찔한 절벽 길을 넘어왔고 때로는 길이 보이지 않는 사막에서 발이 부르트도록 걷고 또 걸어 구름기둥과 불기둥을 만난 생생한 경험들이 있기 때문이다.

아빠는 너희들에게 빚을 졌다. 너희들이 태어나서 오늘까지 너희들의 의지와 선택과는 상관없이 아빠의 길을 함께 걸어 주었으니 말이다. 너희들이 잘 참아내고 극복해 주어서 함께 여기까지 올 수 있었다. 그래서 너희들이 늘 자랑스럽고 고맙다. 이제 아빠도 너희들을 위해 무엇인가 해야 하겠는데 마땅해 해 줄 수 있는 것이 없어 보인다.

아빠의 빚을 하나님께서 너희들에게 백배로 갚아 주시기를 세상 끝까지 항상 기도할 것이다.

십자가가 말하게 하라

이미 너무 많은 말을 했다.
미사여구(美辭麗句)로 장식된 화려한 십자가
이제 됐다.
그대로 화려하게 짊어져라.

입을 다물라.
해명도 지겹고 변명도 구차하다.

자신은 십자가에 못 박고
이제 십자가가 말하게 하라.

거룩함과 십자가

거룩함은 거룩하게 장식하는 것이 아니라
흉하게 벗겨내는 것이다.
거룩함은 주워 담는 것이 아니라
마지막 피 한 방울까지 쏟아내는 것이다.
거룩함은 높아지는 것이 아니고
십자가에 높이 달리는 것이다.

거룩함은 십자가로 경험되고
십자가는 거룩함으로 드러난다.

십자가와 하나님 나라

하나님 나라는 예수그리스도의 십자가에서 완성이 되었다.
하나님 나라는 교회 공동체의 십자가를 통하여
세상에 증거되고 보여진다.
하나님 나라는 나의 십자가를 통하여 경험되고 확장된다.
십자가는 하나님 나라로 가는 홍해이며 광야이다.
십자가는 하나님 나라를 이루는 모든 것의 모든 것이다.
십자가는 지금 여기서 경험하는 하나님의 나라이다.

나를 아는 이

내가 고난의 종을 만난 것은
그가 먼저 나의 고난 속으로 찾아왔을 때였다.

내가 고난의 종을 사랑하는 것은
그가 먼저 나를 사랑했기 때문이다.

내가 고난의 종을 따르는 것은
그가 나의 고난을 알기 때문이다.

내가 고난의 종을 외면하지 못하는 것은
내가 그의 고독을 보았기 때문이다.

내가 고난의 종을 떠나지 못하는 것은
그가 나의 외로움을 알기 때문이다.

내가 고난의 종을 무시로 기억하는 것은
내가 그의 눈물을 보았기 때문이다.

내가 고난의 종을 평생 따를 것은
나의 일평생을 그에게 맡겼기 때문이다.

내리지 않는 비 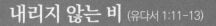 (유다서 1:11-13)

떨어지지 않는 비는 비가 아니다.
땅에 떨어져 흘러야 물이 되고 젖이 된다.
떨어져 죽지 않는 비는 비가 아니다.
바람 따라 몰려다니는 물 없는 뜬구름이다.

기다림

기다림은 끝이 없는 영원을 바라보는 것이다.
기다림은 불확실한 것을 확실하게 만드는 그림 그리기이다.

기다림은 아픔을 마음껏 아파하는 것이다.
기다림은 슬픔을 다 토해 내는 것이다.
기다림은 본래의 자리로 돌아가는 것이다.
기다림은 치유와 회복이다.

기다림은 하나님께서 일하시도록 자리를 비켜드리는 것이다.
하나님께서 싸우시도록 가만히 있는 것이다.

기다림은 최후 승리에 대한 믿음이다.
기다림은 죽음을 이기는 고통이다.
어두운 밤 눈가에 맺히는 이슬이다.

기다림은 언제 어디서나 길다
기다림은 누구에게나 길다.

십자가는 기다림이다.
십자가는 끝까지 기다린다.
십자가는 어디서나 기다린다.
십자가는 모두를 기다린다.

기다림은 부활로 가는 사흘이다.
기다림은 새 하늘과 새 땅이다.

05

자발적 가난으로

자립은 기준을 정해 놓고
부족한 것을 더 채우는 것이 아니라,
이미 가진 것으로 만족하면서
자발적으로 가난한 삶을
의도적으로 선택하는 것이 자립이다.

도마의 제자들

"내가 그의 손의 못 자국을 보며 내 손가락을 그 못 자국에 넣으며 내 손을 그 옆구리에 넣어 보지 않고는 믿지 아니하겠노라."(요한복음 20:25)

당신의 말 그대로 오늘날 인도의 백성들은 교회와 그리스도인들에게 못자국을 보여달라고 요구하고 있습니다. "우리를 개종시키려고 하지 말고 먼저 너희가 예수 그리스도의 제자인 것을 보여 주라. 너희의 삶을 통하여 예수의 흔적을 보여 달라."

무엇이든지 만져보고 나서야 믿는 이 백성들은 부활하신 주님의 못자국을 만져 보고서야 믿었던 당신을 닮은 당신의 예비 제자들입니다. 이 땅의 교회는 도마 당신이 남인도 마드라스(첸나이)에 와서 복음을 전하다가 순교하였다고 믿고 있습니다. 그리고 당신을 자랑스럽게 여기는 사람들이 한 장소를 정하여 그곳을 당신의 순교터라 이름하여 성지로 꾸미고 기념교회도 크게 세웠습니다. 오늘날 많은 인도의 그리스도인들은 당신의 이름으로 잘 꾸며진 성지를 순례하고 있습니다.

그런데 당신을 모르는 이 땅의 대부분의 사람들은 성지가 아니라 예수를 보여 달라고 요구하고 있는 것입니다. 이미 이 땅에는 더 크고 화려하고 더 오래된 사원과 성지들이 곳곳에 널려 있습니다. 당신이 십자가에 달려 죽으셨다가 부활하신 예수 그리스도를 만나 그 손과 옆구리에 난 십자가 흔적을 직접 당신의 손으로 만져 보고 나서야 믿었던 것처럼 이 땅의 백성들도 그 십자가 흔적을 지닌 사람을 만나 만져 보고 나서야 믿겠다는 것입니다. 그러기 전에는 절대 믿지 않겠다고 합니다. 인간의 희로애락, 생로병사, 이생 전생에 관한 모든 철학과 종교를 이미 다 가지고 있다는 힌두교 사원 문턱 닳듯이 신물 나게 경험해 보았고 태고 선사 시대적부터 최첨단 인공지능 미래까지 인간이 품을 수 있는 모든 욕망과 필요를 선악 간에 따지지 않고 언제 어디서나 채워줄 것처럼 쓰이고, 그려지고, 조각된 셀 수 없이 많은 신들이 충만하게 그들과 함께 하고 있기 때문입니다.

이제 누군가는 당신의 예비 제자들인 힌두스탄의 백성들에게 예수의 손과 발과 옆구리에 나 있는 십자가 흔적을 보여주고 만지게 해 주어야 합니다. 그때에 당신이 했던 고백이 인도 하늘에 울려 퍼질 것입니다.

"예수 그리스도여, 당신은 나의 주님이시요, 나의 하나님이십니다."

+ 도마(Thomas)
인도교회사에는 도마전승에 의거 예수님의 제자 도마가 주후 52년경 남인도 첸나이에서 약 20년 간 선교하다가 순교한 것으로 기록되고 있으며 첸나이에는 도마의 무덤이 있는 성도마교회 등 유적지가 있으며 오늘날 도마교회(Mar Thomas church)는 인도의 큰 교단 중 하나이다.

순다르 싱의 집에서

사역길 오가며 가끔씩 들르던 편잡 람뿌르(PunJab,Rampur) 마을, 당신이 처음 하나님을 만나기 위해 목숨을 걸고 밤새 기도했다는 작은 다락방에 오늘도 들어가 보았지요. 어머니를 잃은 슬픔을 당신이 알고 있던 신들로는 위로받지 못하여 학교에서 선교사들이 들려준 성경에 나오는 하나님을 만나기 위해 죽을 각오로 울부짖는 당신의 고통소리가 여전히 벽을 울리는 것 같습니다. 하나님을 만나지 못하면 죽으리라 작정한 그 시간에 새벽기차의 기적소리와 함께 하나님의 음성을 듣고는 육신의 고향 아비 집을 떠나 산야시(Sannyasi, 힌두교 은둔 고행 수행자)처럼 복음전도자가 되었지요.

맨발에 황색 도포자락 휘날리며 가는 곳마다 멸시와 천대뿐이고 예수에 미친 당신을 맞아주는 곳은 눈 덮인 히말라야뿐이었나요? 히말라야는 당신을 품어 주고 치유하고 위로해 주며 당신의 이야기에 귀를 기울여 주는 유일한 존재였으니 당신은 히말라야로 갈 수밖에 없었겠습니다.

예수를 얻기 위해 부친에게 버림받고 복음의 진리를 깨닫기 위해 모든 것을 헌신짝처럼 내버린 당신의 결단은 샛별처럼 힌두스탄의 깊은 어둠을 깨우고 빛나고 있지요. 맞아주는 이 하나 없고 알아주는 이 없었을지라도 쉬지 않고 멈추지 않았던 당신의 가시 박힌 발바닥은 충분히 아름답습니다. 힌두스탄 인도만으로 다 채울 수 없었던 복음에 빚진 당신의 열정은 슬픔이 얼어붙은 고난의 땅 티벳을 품고 히말라야를 넘고도 남았지요.

빙하처럼 결의에 차고 눈보라처럼 쓸쓸한 당신의 마른 몸을 산 채로 품어버린 저 산은 아직도 침묵하는데 가끔씩 여기 푸르른 펀잡 벌판에 보리밭 매는 농부의 이마로 스쳐 지나가는 바람이 당신의 기억을 일깨웁니다.

당신을 기억하며 파키스탄 접경 피로즈뿌르에서 루디아나 거쳐 칸나에서 심라까지 당신의 발자취를 더듬어 땀을 보냈습니다.

건너편 들판에 밀과 보리는 풍년 들어 황금물결 일렁이는데 우리네 영혼의 밭에서는 아직도 쟁기질입니다. 당신이 흘리신 피와 땀이 헛되지 않도록 엉겅퀴를 뽑아내고 돌멩이를 걷어내며 올해도 쟁기질을 쉴 수가 없습니다.

이 땅이 옥토 되어 곡식 단을 거두는 날이 오거들랑 그때는 히말라야 품속에서 잠자던 당신도 맨발로 내려와서 당신 생애에는 출 수 없었던 하늘나라 춤을 함께 추시기를 바랍니다.

당신이 태어나 예수를 만날 때까지 살았던 이 집은 이제 세월의 무게를 견디지 못하고 한쪽 벽이 무너져 내리고 있군요. 그러나 당신이 일사각오로 기다리던 새벽기차 소리는 여전히 힘차게 펀잡 벌판을 깨우고 메아리 되어 허공에 맴돌고 있습니다.

+ 순다르싱(Sundar Singh, 1889년~1929년)
인도 펀잡주 시크교 가문 출신으로 어머니의 죽음 후 일사각오로 기도하여 주님을 만났고 전도자가 되어 인도와 티벳을 다니다가 히말라야에서 행적을 마친 것으로 알려졌다.

스탠리존스의 쓸쓸한 아쉬람

"인도를 구세주의 품으로 돌아오게 할 수만 있다면 나는 기꺼이 인도의 모든 죄를 짊어지고 갈 결심을 하고 있습니다."

그런 결심으로 인도의 길을 걷던 당신은 당신이 세운 삿딸(Sattal)의 아쉬람(수양관) 뒷동산에 묻혔습니다. 그 아쉬람이 나의 사역지 빔탈(Bhimtal) 가까이 있는지라 가끔 방문하여 위대한 당신의 삶을 생각합니다. 당신의 뼈는 그곳에 고스란히 묻혀 있지만 당신의 그 정신과 열정은 나의 둔감함 때문인지 수양관 어디에서도 느낄 수 없습니다. 갈 때마다 예배당 문은 굳게 닫혀 있고 관리인은 외출 중이고 수양관을 빌려 쓸까 하여 전화를 하면 다음에 다시 오라고 합니다. 아쉬운 마음에 발길을 돌리려니 수양관 뒷동산에 덩그러니 혼자 누워 있는 쓸쓸한 당신이 걸려서 당신 무덤 앞에 한참을 서 있곤 합니다.

당시 제국주의 영국의 식민통치를 받고 있던 인도에는 당신을 비롯하여 많은 서양 선교사들이 들어와 활동을 했지요. 그중에 특히 당신의 이름이 더욱 유명해질 수 있었던 것은 당신이 마하뜨마 간디와 교제하며 주고받은 어록을 남긴 것도 한몫을 하는 것 같습니다. 당신은 간디에게 예수의 정신을 설명하며 복음을 전하려고 열심히 노력을 했을 것입니다. "나의 삶이 곧 나의 메시지이다."라고 자신 있게 말하며 청빈한 삶으로 인도 독립운동을 이끌었던 간디는 선교사들에게 예수의 메시지를 삶으로 보여줄 것을 요구했다고 하지요. 그런데 당시 선교사들은 제국주의의 그늘 아래 있었고 의도했든 의도하지 않았든 그 힘을 어떤 식으로든지 이용했을 것입니다. 그리고 인도의 교회와 교회 지도자들은 자연스럽게 영국 제국주의 체제와 선교사들의 지도 아래 물질적으로 그리고 정신적으로 예속되고 적응이 되어 가고 있었을 것입니다. 그러니 인도 교회는 민족문제인 독립운동에 관심을 가지고 참여하기에는 한계가 있었고 그 결과 인도인들에게 기독교는 아무런 도움이 되지 않는 외래 종교라는 인식을 갖게 하였습니다.

독립 후 인도 역사에는 많은 변화가 있었고 사회 문화적으로도 큰 변화와 발전이 있었지만 인도인들이 가지고 있는 기독교에 대한 생각에는 조금도 변화가 없어 보입니다. 더군다나 열린 마음으로 타 종교와 대화하면서 독립운동을 이끌던 간디를 암살한 극단 힌두교 민족주의 세력을 모태로 태어난 정권이 통치하는 최근 기독교 선교의 폭은 더욱 좁아졌습니다. 그래서 만일 당신이라면 이때에 어떻게 선교할까?라는 궁금증이 생깁니다. 그리고 만일 독립운동하는 마하뜨마 간디와 함께 대화했던 당신의 그 자리에 인도 교회 지도자 중 한 사람이라도 있었다면 그리고 인도 교회가 영국 제국주의 관리자들의 예배당을 넘어 독립운동의 거점이 되고 제국주의 폭압에 억눌린 백성들의 눈물을 닦아주고 위로하는 피난처가 되었다면 인도 교회를 바라보는 시각이 많이 달라졌을 것이고 당신이 세운 아쉬람이 오늘 이렇게 쓸쓸하지는 않았을 것이라는 큰 아쉬움을 떨칠 수가 없습니다.

+ 스탠리 존스(E. Stanley Jones, 1884년~1972년)
미국 감리교 출신 선교사로 평생을 인도선교를 위해 헌신하다가 삿딸(Sattal)이라는 곳에 자신이 세운 아쉬람(Ashram,수양관)에 묻혔다.

아자리아에게

"앞으로 올 모든 세대 내내 인도 교회는 선교 단체의 영웅적인 노력과 자기 부인의 수고에 감사를 표하기 위해 일어설 것입니다. 여러분은 물질로 가난한 자들을 먹이셨습니다. 여러분은 여러분의 몸을 불사르게 내어 주셨습니다. 우리는 또한 사랑도 요청합니다. 우리에게 친구를 보내 주십시오!"

1910년 에든버러 세계 선교 대회에서 아자리아(V.S.Azariah) 당신이 한 연설 중 일부분입니다.

당신의 요청대로 많은 선교사들이 인도에 갔고 지금도 가고 있습니다. 그리고 당신의 표현대로 인도의 친구가 되기를 원하여 나도 인도에 갔습니다. 인도 사람들의 친구가 되어 우리를 위해 목숨을 내어 놓으신 가장 좋은 친구인 예수그리스도를 소개하고 있습니다. 먼저 좋은 친구가 되지 않고는 다른 좋은 친구를 소개해 줄 수 없고 더구나 보이지 않는 예수는 소개할 수 없을 것이기 때문입니다.

당신은 인도 최남단 한 마을의 기독교 가정에서 태어나 마드라스 크리스천 칼리지(Madras Christian College)에서 공부하고 YMCA에서 전임 활동가로 활동하면서 지도자로 성장했지요. 그 후 1912년 12월 29일에 인도인으로는 처음으로 주교로 안수를 받게 되어 인도 교회사의 중요한 한 페이지를 장식하게 되었지요. 당시 영국인 및 미국인 사역자들이 주류를 이루는 한계상황에서 많은 반대 속에도 불구하고 인도인 사역자를 세우고 지원하는 일들을 체계적으로 추진함으로 인도 교회 자립에 있어 중요한 초석을 놓았습니다.

대부분의 인도 현지 교회 지도자들이 돈 받고 고용된 직원처럼 취급받는 분위기에서 당신이 받았을 반대와 견제를 짐작할 수 있지요. 지금도 그런 경향이 있는데 그 당시는 얼마나 심했겠습니까? 그럼에도 오히려 외국인 선교사들과 파트너십(Partnership)협력자 관계를 만들고 나아가 인도교회의 주체자로써 외국인 사역자들과 조화를 이루는 리더십을 발휘하여 관할 지역 교회들을 든든히 세워 나갔다는 사실은 인도 교회에 새로운 이정표를 세운 것입니다.

당신이 세운 이정표대로 인도의 교회들이 스스로 일어서서 인도 선교를 감당할 뿐 아니라 세계선교의 중요한 파트너가 되기를 간절히 바라고 있습니다.

+ 아자리아 (Vedanayagam Samuel Azariah, 1874~1945)
인도 최남부 벨라란빌라이(Vellalanvilai) 마을의 기독교 가정에서 태어나 마드라스 크리스천 칼리지(Madras Christian College)에서 수학, YMCA에서 전임 활동가로 활약하기도 했으며 첫 인도인 성공회 주교로 안수(1912년 12월 29일)를 받고 '인도 교회는 인도인의 손으로!'라는 목표로 인도 교회의 자립을 위한 노력을 하였고 그 이정표를 세웠다.

북인도교단 CNI와 선교협정을 맺으며

2016년 3월 11일 뉴델리에서 북인도교단(CNI:The Church of North India)과 우리 교단 간에 선교 협정(MOU) 체결을 하였다.

CNI 교단은 CSI(The Church of South India, 남인도 교단)와 함께 한국교회와 공식 선교 파트너가 된 것이다. 선교 협정을 준비하는 과정에서 CNI 실무자들과 대화하면서 선교 협정을 맺는 목적이 서로 간에 차이가 있음을 알게 되었다. 파트너십(Partnership)에 대한 이해가 다르고 이를 통해 이루고자 기대하는 목적들이 다르다는 것을 알고 그 차이를 줄여 보고자 하였으나 인도 선교의 본질적인 문제와 연결되어 있어 쉽지 않음을 또한 알게 되었다. 1970년 북인도교단(CNI)을 창립을 주도한 영국성공회를 비롯한 6개 교단은 대부분 해외 교단에 의해 설립되었고 재정적 의존도도 또한 높았다. 그 후 지속적으로 해외의 여러 교단 및 단체들 40여 곳과 선교 협정을 맺어가고 있지만 선교사역을 위한 파트너(Partner)보다는 재정적 지원을 위한 후원자(Sponsor)의 위치에 머무는 경우가 많다. 따라서 당신들의 언어를 구사하며 백성들의 삶의 현장으로 들어가서 구체적이고 실제적인 사역을 실천하는 현장의 선교사들을 달가워하지 않는다는 사실도 알게 되었다. 그 사실을 알아차리고 실망하는 나에게 협력만 잘 되면 당신들의 사무실에 자리를 하나 봐 줄 수 있다고 하면서 호의를 보였지만 그 의미를 이미 알아버린 나는 더 슬펐다.

선교지에 정착하여 살고 있는 현장 선교사보다는 해외에 머물면서 정기적으로 후원금을 보내주고 거액의 프로젝트에 자금을 투자해 주고 그저 가끔 방문하여 관광하듯이 사진이나 찍고 돌아가서는 자신들을 초대해 줄 수 있는 소위 품위 있는 고급 후원자를 원한다는 사실을 이제 당신들은 숨기지 않는다. 당신들에게는 좋은 프로그램도 많고 그것을 진행할 인력도 풍부하다고 두껍고 손때 묻은 홍보용 책자를 넘기며 큰 소리로 설명함으로써 필요한 것은 재정적 지원임을 에둘러 강조한다.

이러한 당신들의 필요를 채워줄 수 있는 사람은 현장 선교사가 아니라 국제적인 모임에서 정치적 입지를 세우는 데 도움을 줄 수 있는 인도 교회 대표들을 필요로 하는 소수의 사람들이다. 그런 줄도 모르고 인도 선교의 중요한 파트너가 생긴다는 설렘과 기대를 가지고 준비하느라 반가워하지도 않는 당신들의 사무실을 들락거리고 열정적으로 통역을 하고 협정서에 서명하는 자리에 서서 함께 사진을 찍었던 것들이 모두 들러리를 선 것 같아 허탈하다.

무엇보다 인도의 주류 교회가 해외 교회들과 관계하는 기본 방정식을 본 것 같아 답답하다.

인도 선교를 위하여 풀어야 할 과제이기는 하지만 나에게는 답이 없다.

왜 기독교는 인도에서 실패했는가?

Why Christianity Failed In India?
Christianity, a threat to Hinduism? Data and historical
evidence prove otherwise.
Tony Joseph. 13 April 2015

"왜 기독교는 인도에서 실패했는가?" 인도의 유력 주간지 아
웃룩(OUT LOOK) 2015년 4월호에 실린 논단의 제목이다.

글쓴이는 인도의 기독교 역사를 분석하면서 참담한 실패라
고 단정한다, 기독교인들은 인정하고 싶지 않겠지만 인도는 제
국주의 침략을 거치면서 대체로 기독교를 넘어설 만큼 저항
력이 있고 그렇게 불투과성인 것으로 입증된 유일한 세계라
고 주장한다.

그 근거로 두 가지를 든다. 하나는 1878년 산스크리트어 학
자인 윌리암스(M.Williams)의 말을 인용한다. 그는 인도인에 대
한 기독교 선교의 가장 큰 장애는 인도인들이 자신들의 종교
인 힌두교에서 느끼는 자존심과 힌두교의 본질인 범신론을 꼽
는다. 즉 힌두교는 본질적으로 기독교 자체를 포함하기 때문에
개종할 필요가 없고 우리는 이미 그리스도인 이상이라고 여긴
다는 것이다. 이렇게 기독교 교리에 대하여 전혀 새로운 것으
로 받아들이지 않고 흥미도 보이지 않는 힌두교의 문화와 철

학 앞에서 기독교는 어떻게 대응을 해야 할지 갈피를 잡지 못하고 있다는 것이다.

두 번째는 2,000년 인도 기독교 선교역사를 제국주의 무력과 자본주의 맘몬을 앞세운 선교로 규정하면서 그렇게 자신들 쪽으로 유리하게 기울어진 운동장에서조차 미미한 개종 자들밖에 얻지 못한 것을 근거로 인도의 기독교 선교는 실패했다는 것이다. 그러면서 재미있는 분석을 한다. 인도의 힌두교인들은 명석하고 기민하기 때문에 "기독교가 던지는 미끼는 가져가고 그러나 잡히는 것은 피한다"라는 것이다.

전체적으로 공감할 수는 없지만 인도인들이 기독교와 기독교 선교에 대하여 어떻게 생각을 하는지에 대하여 알 수 있게 속이 들여 다 보이는 대목이다. 저들이 이미 실패한 전략이라고 공개한 선교를 계속 반복할 수는 없다. 그러한 제국주의적인 선교전략은 통하지도 않을뿐더러 더 이상 적용할 수도 없다. 문제는 저들은 미끼임을 훤히 알고 있다고 하는데도 맘몬이라는 미끼를 멈추지 않고 계속 던지고 있는 사례들이 많이 있다는 것이다. 물고기를 낚는 일에는 관심이 없고 낚시질 자체에 중독이 되어 버린 모양새이다. 카르마라고 하는 저들의 윤회의 수레바퀴에 갇혀 있기라도 하듯이 말이다. 어떻게 멈출 수 있는가?

코로나19로 일단 멈출 수 있는 기회가 왔다. 표면적으로는 방역 차원에서 외국인들이 선교지 현장에 접근하여 현지인들을 만날 수 있는 기회가 원천적으로 제한되고 있다. 이것이 인도 선교의 한시적 모라토리엄(Moratorium)으로 연결되어 인도 교회가 스스로 설수 있는 새로운 출발점이 될 수 있을지 지켜볼 일이다.

코로나19 이후 인도 선교는 무엇이어야 하고 어디로 갈 것인가? 분명한 것은 저들이 인도에서 실패했다고 규정하는 것이 십자가 복음은 아니다.

여전히 카스트제도의 사슬에 묶여 있고 우상숭배의 짐에 눌려 신음하고 있는 백성들에게 복음은 필요하다. 그러므로 인도에서 하나님의 선교는 계속되어야 한다.

자립을 넘어 자발적 가난으로

힌두교 신의 영광과 힌두교 민족주의 국가 건설을 통치 목적으로 하는 인도인민당(BJP)이 집권을 하고 나서 타 종교를 인정하지 않을 뿐 아니라 아예 말살하려는 정책들을 펴면서 수많은 선교사들이 추방을 당하였다. 나에게도 두 차례 위기가 있었지만 그때마다 피할 길을 열어 주셨다.

그렇게 추방 위기를 겪으면서 '지금 내가 선교지 현장을 떠나게 되면 그동안 개척한 교회들과 양육한 제자들과 성도들은 어떻게 될까?', '과연 흔들림 없이 스스로 교회들이 일어서서 성장해 갈 수 있을까?', '그리고 제자들은 계속해서 지금처럼 충성되게 각자의 사역을 자발적으로 감당해 나갈 수 있을까?' 하는 질문을 하게 되었다.

그때부터 구체적으로 자립을 준비하고 있었다. 선교사가 언제 어떤 상황에서 선교지를 떠나게 되더라도 선교지의 사역은 계속될 수 있어야 하기 때문이다.

코로나19 사태가 터지고 그로 인한 여러 가지 문제들이 생겨나고 있지만 이미 자립을 준비하고 있던 사역자들은 당황하지 않고 잘 극복해 나가는 모습을 보면서 그나마 참 다행이라는 생각을 하게 된다.

자립하면 우선 경제적 물질적 자립을 생각하는 것이 일반적이다. 그러나 물질적 경제적 자립에는 기준도 없고 한계도 없다. 특별히 인도처럼 빈부격차가 극심한 상황에서는 더욱 그러하다.

그래서 자립은 기준을 정해 놓고 부족한 것을 더 채우는 것이 아니라, 이미 가진 것으로 만족하면서 '자발적으로 가난한 삶을 의도적으로 선택하는 것이 자립'이다. 그렇게 살고 있으며 또한 제자들에게 그렇게 가르치고 있다.

그런 의미에서 바울의 선교는 진정한 자립 선교의 표준이라고 할 수 있다. 바울이 천막 만드는 사업을 통해 얼마만큼의 수입을 얻었는지 알 수는 없지만 그것을 계산하는 것은 중요해 보이지도 않는다. 그 이전에 이미 바울은 그리스도와 복음을 위하여 모든 것을 배설물처럼 버렸고 "나는 어떤 형편에서도 자족하기를 배웠노라"(빌립보서 4:11-13)고 선언했기 때문이다. 그렇게 자립을 선언한 것이다. 이것이 바로 자립의 기준이고 가장 좋은 자립의 방법이라고 믿는다.

그런데 이것을 선교 현장에서 실천하기란 그리 쉬운 일은 아니다. 그럼에도 포기할 수 없는 나의 선교의 원칙과 방법이다. 이러한 원칙은 신학교를 졸업하고 작은 농어촌 교회에 농촌선교를 위해 내려갈 때부터 세웠다.

그러한 원칙과 자세로 사역자들의 삶에 가능하면 가까이 다가가려고 노력을 한다. 그러기에 제자들에게 물질적 자립보다는 먼저 영적인 자립과 자족 그리고 자발적 가난을 가르칠 수 있다.

영적으로 정신적으로 자립하게 되면 경제적 문제는 어떤 식으로든지 극복할 수 있는 방법 또는 해결의 길이 보인다. 그러나 경제적 기준을 먼저 정해 놓고 거기에 맞추는 자립은 평생 해결이 안 될 것이다.

인도 교회가 오랜 역사를 가지고 있으면서 자립하지 못하는 근본 문제는 인도 교회와 성도들이 가난하기 때문이 아니라 영국 식민지 시대 외국 교회와 선교사들에게 의존하던 그 관습을 탈피하지 못하는 데 있다.

인도 선교 초기부터 굳어진 관습이다. 외국 교회와 선교사들에게 잘 의존하는 길이 인도 교회의 생존법이라는 사실은 인도 교회 사람들뿐 아니라 교회를 모르는 일반인들도 아는 공공연한 비밀이다. 슬픈 현실이다. 이 관습을 뿌리째 뽑아내고 이 슬픈 악순환의 고리를 끊는 것이 자립의 시작이다.

몇 차례 추방 위기를 겪으면서 내가 없어도 제자들은 다시 옛날로 돌아가지 않고 또 주류의 흐름을 따라 타협하지 않고 가르침 받은 대로 자립할 수 있도록 제자들과 함께 길을 찾는 중이다.

준비가 된 사역지에서는 각각의 형편과 지역 특성에 맞는 자립 경제 사업을 진행하고 있다. 중고 봉고차를 구입해 스쿨버스를 운영하고, 학교 앞에 문구점을 열고, 결혼식과 각종 종교 행사를 야외에서 며칠씩 많이 하는 지역에는 침구류 대여 사업, 농촌지역 사역지에는 양어장과 양계장을 만들었다. 그리고 델리를 비롯한 수도권 사역지를 위하여는 주변 농장과 협력하여 유기농산물 직거래 공동체 사업을 준비 중이다.

제자들이 이러한 경제 사업에 치중하느라 본래의 사역을 등한시하지 않고 사역과 경제 사업을 적절하게 균형을 맞추어 가며 가족들의 생계를 스스로 해결해 나가고 있다.

이렇게 자신의 작은 사업장을 갖게 된 제자들은 생활자립뿐 아니라 지역 전도와 인도 선교를 위해 기도하기 시작한다. 이들이 인도교회 자립의 한 줌 누룩이 된다면 인도교회가 인도선교를 스스로 감당하는 날도 곧 오게 될 것이다.

새

새는 하늘에 벽을 쌓지 않습니다.
하늘 전체가 자기의 것이라고 믿기 때문입니다.
자신이 날개를 펼칠 공간이 부족하다고 걱정하지 않습니다.

새는 높이에서도 거침없이 날개를 펼칩니다.
하늘이 자기를 받쳐줄 것을 믿기 때문입니다.
자기를 받쳐줄 하늘이 갑자기 사라질 것이라고
불안해 하지 않습니다.

앓고 있는 히말라야

십여 년 전만 해도 너는 눈부시게 하얗게 웃고 있었다.
여기저기서 찾아오는 이들을 반갑게 맞이하여
너의 마당을 내어 주었지.
언제부터인가 너의 마당은 자동차들로 가득 차고
너의 얼굴은 어두워지기 시작했다.
그때 너의 표정을 자세히 읽었어야 하는 건데.
그러면 너의 속 마음을 알 수 있었을 텐데.
너는 그때 벌써 속앓이를 하고 있었던 거지?

그 후로 너의 모습은 갈수록 수척해져 갔다.
이미 큰 병을 앓고 있었던 거야.
난 그런 것도 모르고 흰옷을 벗어내고

여기저기 맨살을 드러내기 시작하는 너를 흉하다고 탓을 했다.
네가 병을 앓게 된 것이 사실은 나 때문인데.

그 사이 너는 벌거숭이가 되어 눈물을 흘린다.
부끄러움을 가려줄 나뭇잎 하나 구하지 못하여
그저 맨몸을 붉게 드러낸 채 울고 있구나.
너의 부끄러움이 사실은 나의 몫이었는데
나는 나의 벌거벗음도 모르고
너의 황무함만 탓을 했다.

그 뜨거운 눈물 너의 얼굴을 적시고
온몸을 타고 흘러 홍수가 되었다.
이제 더 이상 흘릴 눈물도 없는가 보다.
메마른 너의 얼굴엔 식은땀이 흐르고
나의 온몸엔 열이 펄펄 끓는다.

저들이 보여달라고 합니다

저들이 보여 달라고 합니다.
높게 올라간 십자가가 아니라
손바닥에 난 못 자국을,

저들은 이제 보지 않고는 믿을 수 없다고 합니다.
예배당 가득 찬 사람들 말고
십자가 흔적을 지닌 한 사람을 찾고 있습니다.

이제 만져보지 않고는 믿지 않겠다고 합니다.

입술로 불고 다니는 그 사랑,
진짜인지 가짜인지?
온도를 재보고

손에 들고 다니는 그 말씀,
살아 있는지 죽었는지?
만져보지 않고는
믿지 않겠다고 합니다.

285

다시, 너는 나를 따르라

주님, 이만하면 되지 않았습니까?
아니다, 아직 끝나지 않았다.

주님, 이 정도면 할 만큼 한 것 아닙니까?
아니다, 여전히 할 일이 남아있다.

주님, 이제 저는 좀 놔 주시고 십자가도 내려놓게 해 주시지요.
아니다. 절대 아니다.
이제 다시 시작이다.

계약 갱신이다.
어디까지 이르렀든지
무엇을 얼마나 하였든지
매이지 말고
다시 너는 나를 따르라.

나도 너의 실수와 죄를 다 폐기하였다.
기억하지도 않을 것이다.
너와 함께 오직 새 일을 행할 것이다.

주님, 저 사람은 어떻게 됩니까?
그건 너와 상관이 없다.

너는 나를 따르라.
너와 나의 일대일 계약이다.
저 사람 이 사람 보지 말고
이제 눈 감고 귀 막고 나만 따르라.

입에 망 씌우고
다시 너는 나를 따르라.

일몰

일몰은 아름답다.
낮게 고개 숙인 들풀의 얼굴을 먼저 비춘다.

일몰은 아쉽다.
밭 매는 어머니의 마지막 남은 한 고랑 끝이 걸린다.

일몰은 너그럽다.
게으름뱅이 군불 지피고 빈 등잔 기름 채울 때까지 기다린다.

일몰은 단호하다.
가슴치고 통곡해도 한번 닫으면 다시 열지 않는다.

일몰은 죽음을 삼키는 부활의 아침이요
슬픔을 삭이는 어머니 선홍색 가슴이다.

지금 가난한 사람아

지금 가난한 사람아
하나님 나라가 우리의 것임을 믿자.
머리 둘 곳도 없이 사신 예수님 말씀이니 믿고 보자.
거처를 마련하러 가셨다.

지금 아픈 사람아
태어나면서 아파 더 아픈 사람아
그러지 않아도 힘든데 얼마나 더 힘이 들까?
눈물 젖은 병상에도 볕은 들 듯이
우주를 치유하는 약손이 있음을 믿자.

지금 슬픈 사람아
위로받지 못하여 더 슬픈 사람아
더 이상 누구에게 위로받으려 하지 말자.
슬픔이 슬픔을 위로하게 두자.

지금 외로운 사람아
사람들 속에서 더 외로운 사람아
그대는 혼자가 아니다.
환호하는 사람들 뒤로하고 홀로 산으로 가는 또 한 사람이 있다.

예수님 때문에 변두리로 밀려 나 멸시와 핍박을 당하는 사람아
들풀처럼 밟혀도 비굴하지는 말자.

가난이 즐겁고 고난이 좋은 사람 누가 있을까?
피하지 못하고 짊어진 사람아
이제 우리 기뻐하고 춤추자.
그날이 오고 있다.

가야만 하는 길

자기 몸만 기르는 목자 (유다서 1:12)

코로나19 방역조치로써의 자가격리는 벌써 끝이 났지만 여전히 스스로 격리되어 대부분의 날들과 시간들을 홀로 지내고 있다. 지내온 세월을 돌아본다. 어언 30년이다. 농어촌 목회지에서 인도 선교지에서 고난의 종이라는 멍에를 메고 쟁기질하는 동안 때로는 노래하며 때로는 울부짖으며 오늘까지 왔다.

정녕 하나님의 나라와 그의 뜻을 온전히 이루기 위하여 모든 것을 바쳐 살았던 세월이 있었나? 제대로 십자가 지고 살았던 날이 과연 얼마나 될까? 손가락으로 꼽을 만한 날은 있기나 할까? 부끄러운 껍데기 같은 세월, 바람불면 날아가 버리고 말 쭉정이 같은 날들이 대부분이다.

코로나19 하프타임(Half Time)이 생각보다 오래가고 있다. 어떤 새로운 작전을 명하실지 두려움과 설레임으로 기다리는 중이다. 처음 그 열정으로 다시 시작할 수 있을까? 처음 그 사랑을 회복할 수 있을까? 그 사랑으로 계속 갈 수 있으며 끝까지 견딜 수 있을까?

이미 닦아 놓은 길, 다시 가려면 못 갈 것은 없다. 그러나 익숙한 그 길에서 '바람에 불려가는 물 없는 구름'이 되지 않고, '뿌리 뽑힌 열매 없는 가을 나무'처럼 되지 않을 자신이 있는가?

젊음을 다 쏟아부어 개척된 사역지들 그곳에 계속 머물고자 한다면 얼마든지 머물 수는 있겠다. 그러나 급속하게 변화되고 있는 시대 흐름과 선교 환경 가운데 환골탈태하고 새롭게 개척하지 않으면 그저 자리만 차지하고 '자기 몸만 기르는 목자'가 될 수도 있다. 생각만 해도 끔찍한 일이다. 새로운 비전과 열정으로 앞으로 나아가지 못하게 된다면 지나간 이야기만 자꾸 하게 될 터인데 이것이야말로 '자기 수치의 거품을 뿜는 바다의 거친 물결'에 지나지 않는 공허하고 부질없는 짓이다.

그러니 지나온 이야기를 하는 것도 이것으로써 끝을 내려 한다. 더 이상 나의 의지대로, 계획대로 할 수 있는 일이 없다. 이제 토기장이의 집으로 내려간다.

잘못 빚어 만들어진 그릇은 더 굳어지기 전에 산산이 으깨어지기를 원한다. 토기장이의 의견에 좋은 대로 다른 새 그릇으로 빚어 지기를 간절히 바란다.

다시 빚어져서 마지막 남은 생애를 다시 한번 쓰임 받을 수만 있다면 온몸을 태우는 불가마의 뜨거움은 감사함으로 견디어 낼 것이다.

토기장이의 손에 과거와 현재와 미래를 송두리째 맡긴다.
고난의 종으로 오신 예수 그리스도를 계속 따르기 위해!

2020. 12. 25 성탄절에

1981년 광나루에서 처음 만나 지금까지 그 열정 그대로 다르지만 한길을 가고 있는
성경통독원 조병호 박사, 세방기획 고재은 대표. 변함없이 나의 마음에 살아 있는 사
람들이다. 두 사람이 아니면 이 책은 세상에 나올 수 없었다.